CMAC会计能力成熟度认证系列教材

初级税务专员岗位基础与认知

（CMAC 三级）

浙江衡信教育科技有限公司　组编

主　编　杜茂华　蒋莘苗
副主编　邱明霞　叶小燕　谢　桦　朱晓珍
参　编　靳淑贞　邵春玲　李　爽　凤　艳　徐建斌　韩　磊
　　　　杜　君　陈云兰　吕芙蓉　郭素勤　周　凯　谈先球
　　　　楼英萍　关建勋　汤洪平　孙　蓉
主　审　李高齐

机械工业出版社

随着我国优化人才机制、财税制度改革以及金税三期上线等变化，企业对会计人员执业能力的要求也在发生变化。本书以初级税务专员（CMAC三级）岗位要求为编写依据，适应会计教育课程改革，力图充分反映教育教学改革和发展的实践要求，用真实的企业岗位能力需求来引导会计教学改革，鼓励行业企业参与到专业人才评价培养中来。本书共分为8个项目，内容涵盖增值税、消费税、企业所得税等税种最新核算与申报内容。本书特色有：①结合实际：按照企业实际工作中初级税务专员岗位执业要求进行编写，包括增值税、消费税、企业所得税等的核算与申报等岗位工作职责相关内容；②内容新颖：会计处理按照最新的会计准则、税收政策进行。本书旨在让读者尽快掌握初级税务专员的岗位技能，达到毕业即可上岗的效果。

本书适用于财经商贸类在校学生及其他有志于从事会计职业的自学人士。

图书在版编目（CIP）数据

初级税务专员岗位基础与认知：CMAC三级 / 浙江衡信教育科技有限公司组编； 杜茂华，蒋莘苗主编.—北京：机械工业出版社，2020.9

CMAC会计能力成熟度认证系列教材

ISBN 978-7-111-66533-5

Ⅰ.①初⋯ Ⅱ.①浙⋯ ②杜⋯ ③蒋⋯ Ⅲ.①税收管理-中国-岗位培训-教材 Ⅳ.①F812.423

中国版本图书馆CIP数据核字（2020）第176235号

机械工业出版社（北京市百万庄大街22号　邮政编码100037）
策划编辑：李　兴　　　　责任编辑：李　兴　邢小兵
责任校对：赵　燕　张　薇　封面设计：马精明
责任印制：常天培
北京虎彩文化传播有限公司印刷
2020年10月第1版第1次印刷
184mm×260mm • 14.25印张 • 276千字
标准书号：ISBN 978-7-111-66533-5
定价：42.00元

凡购本书，如有缺页、倒页、脱页，由本社发行部调换

电话服务　　　　　　　网络服务
客服电话：010-88361066　机　工　官　网：www.cmpbook.com
　　　　　010-88379833　机　工　官　博：weibo.com/cmp1952
　　　　　010-68326294　金　书　网：www.golden-book.com
封底无防伪标均为盗版　　机工教育服务网：www.cmpedu.com

CMAC 会计能力成熟度认证系列教材编写委员会

主　任： 王妙娟

副主任： 巫惠林　郑红英　何颖丽　金爱华　蔡丽巍

委　员： 李建丽　李启明　刘晓云　万久玲　杨小萍　王晓红
　　　　　陶　驹　李　洁　徐全红　古　今　尹　航　蒋晶晶
　　　　　崔　婧　王玉坤　杨印山　王志宇　刘彦芬　安存红
　　　　　张　巍　焦杨梅　项少录　江永刚　李　辉　刘洪海
　　　　　郎东梅　方忠良　吴志坤　张玮娟　崔　静　黄玉珍
　　　　　康雪垚　郭继宏　陈　翼　吴玉红　刘国艳　苟志霞
　　　　　陈　捷　何　洪　李贵勇　肖　敏　贾振纲　王秀娟
　　　　　陈秀波　顾关胜　祁美云　李　莉　孙伟力　方德举
　　　　　薄海民　刘　莉　何万能　冯燕萍　李清水

前 言

2018年2月，中共中央办公厅、国务院办公厅印发的《关于分类推进人才评价机制改革的指导意见》指出，人才评价是人才发展体制机制的重要组成部分，是人才资源开发管理和使用的前提；鼓励行业企业参与到专业人才评价中来，建立社会化、市场化的人才评价制度，发挥多元评价主体作用。

由于国家创新创业战略的推进、财税制度改革不断深入、金税三期部署效果逐渐显现，致使企业事业单位对会计人才的需求非常旺盛，且企业对会计学生的执业能力、综合素养等也提出了越来越高的要求，因此迫切希望有既可科学评价会计专业执业人员水平又能牵引学生学习、老师教学的评价体系和评价标准。

经多方了解、评估，由中国商业会计学会联合税友集团开发的CMAC认证体系特别符合现阶段会计专业岗位能力认证的需求，符合企业用人的能力与素养要求。

CMAC认证是会计能力成熟度的简称，是根据会计岗位职责和岗位能力的要求，分岗位、逐级递进，采用理论与实务、线上与线下相结合的认证体系。

CMAC认证基于各岗位职责所需要的财税专业能力、职业素养、工作方法和习惯、工具软件等能力维度，构建以会计、财务、税法、经济法、金融结算等法律、法规、准则、制度、规则、指南为基础；以试题库、案例库为载体，将知识点与试题联动挂钩；通过大数据采集分析手段，凭借开放又不失严谨的认证机制，进行数据化评价。CMAC认证有利于整体提升会计人员的执业能力和综合素养，增强会计人员为企业创造价值的能力。

CMAC系列教材根据CMAC认证岗位（会计实习员、出纳岗位、初级税务专员及代理记账师）能力指标配置相关教学内容。

本书是依据初级税务专员岗位能力指标来编写相关的财税专业知识的。全书共分8个项目，以初级税务专员岗位能力需要的财税专业知识为主线，进行系统的学习。

本书内容与实际企业岗位专业技能要求高度吻合，实用性强。读者通过对本书的学习，可以掌握实际企业中初级税务专员岗位的财税专业知识，更好地胜任该岗位。

本书由多名注册会计师、注册税务师、教授及高校教师组成的专业团队编写，还得到税友软件集团股份有限公司浙江衡信教育科技有限公司李高齐总经理的大力支持和帮助。本书由杜茂华、蒋莘苗担任主编：由邱明霞、叶小燕、谢桦、朱晓珍担任副主编。参与编写的人员还有靳淑贞、邵春玲、李爽、凤艳、徐建斌、韩磊、杜君、陈云兰、吕芙蓉、郭素勤、周凯、谈先球、楼英萍、关建勋、汤洪平、孙蓉。

本书在撰写过程中参阅了大量优秀的论著和最新的税收政策（政策发布截止时间为 2019 年 12 月 31 日），在此对上述作者表示衷心的感谢。鉴于企业会计准则和税收政策的动态性，书中仍难免存在疏漏和不妥，敬请广大读者批评指正，以便日后补正修订。

编　者

目　录

前　言

项目一　税法原理 ·· 1

　　任务一　了解税法 ·· 1
　　任务二　了解税收法律关系 ·· 4
　　任务三　了解税收立法与税法的实施 ·· 8
　　任务四　了解我国税收管理体制 ·· 10

项目二　增值税 ·· 16

　　任务一　了解增值税 ·· 16
　　任务二　掌握一般纳税人和小规模纳税人的认定及管理 ····························· 24
　　任务三　掌握增值税的税率与征收率 ·· 26
　　任务四　掌握增值税的计税方法 ·· 29
　　任务五　计算增值税 ·· 30
　　任务六　了解增值税的征收管理 ·· 39

项目三　消费税 ·· 44

　　任务一　了解消费税 ·· 44
　　任务二　掌握消费税的税目与税率 ··· 47
　　任务三　掌握消费税的计税依据 ·· 50

任务四　计算消费税的应纳税额 ································ 53
　　任务五　了解消费税的征收管理 ································ 62

项目四　随征税费 ································ 65

　　任务一　掌握城市维护建设税 ································ 65
　　任务二　掌握教育费附加和地方教育附加 ································ 69

项目五　企业所得税 ································ 72

　　任务一　了解企业所得税 ································ 72
　　任务二　掌握企业所得税的纳税义务人、征税对象与税率 ································ 74
　　任务三　计算企业所得税应纳税所得额 ································ 77
　　任务四　掌握资产的税务处理 ································ 82
　　任务五　掌握资产损失税前扣除的所得税处理 ································ 90
　　任务六　掌握企业所得税的税收优惠 ································ 93
　　任务七　计算企业所得税的应纳税额 ································ 99
　　任务八　了解企业所得税的征收管理 ································ 104

项目六　个人所得税 ································ 107

　　任务一　掌握个人所得税的纳税义务人与征税范围 ································ 107
　　任务二　掌握个人所得税的税率与应纳税所得额的确定 ································ 112
　　任务三　计算个人所得税的应纳税额 ································ 121
　　任务四　掌握个人所得税的税收优惠 ································ 125
　　任务五　了解个人所得税的征收管理 ································ 128

项目七　其他税费 ································ 135

　　任务一　掌握印花税法律制度 ································ 135
　　任务二　掌握房产税法律制度 ································ 147
　　任务三　掌握资源税法律制度 ································ 154
　　任务四　掌握车辆购置税法律制度 ································ 160

任务五　掌握土地增值税法律制度 …………………………………… 167
任务六　掌握车船税法律制度 ………………………………………… 174
任务七　掌握契税法律制度 …………………………………………… 179
任务八　掌握城镇土地使用税法律制度 ……………………………… 184
任务九　掌握环境保护税法律制度 …………………………………… 192

项目八　税收征收管理法律制度 ……………………………………… 198

任务一　了解税收征收管理法 ………………………………………… 198
任务二　掌握税务管理 ………………………………………………… 199
任务三　了解税款征收 ………………………………………………… 208
任务四　了解法律责任 ………………………………………………… 215

项目一

税法原理

任务一 了解税法

【任务描述】

（1）了解税法的概念；
（2）了解税法的特点；
（3）了解税法的原则；
（4）了解税法的效力。

【知识储备】

一、税法的概念与特点

（一）税法的概念

税法是国家制定的用以调整国家与纳税人之间在征纳税方面的权利及义务关系的法律规范的总称。税法构建了国家及纳税人依法征税、依法纳税的行为准则体系，其目的是保障国家利益和纳税人的合法权益，维护正常的税收秩序，保证国家的财政收入。

税法具有义务性法规和综合性法规的特点。

（二）税法的特点

（1）从立法过程看，是经一定立法程序制定出来的而非认可的，属制定法而非习惯法。

（2）从法律性质上看，以保障人们某种权利为主的可以称为授权性规范，反之从规定人们某种义务为出发点的可以称为义务性规范。税法属义务性法规而非授权性法规，显著特点是强制性。

（3）从内容看，税法具有综合性。由实体法、程序法、争讼法等构成了一套综合法律体系。税法与税收的关系：税收与税法密不可分，有税必有法，无法不成税。

【例题1-1】 单选题

税收法律关系中的权利主体是指（　　）。

A.征税方　　　B.纳税方　　　C.征纳双方　　　D.国家税务总局

答案：C

二、税法的原则

税法的原则包括基本原则与适用原则。

（一）基本原则

（1）税收法定原则。税法主体的权利与义务、税法的构成要素均为法定，包括课税要素法定、课税要素明确、依法稽征原则等三项具体原则。

（2）税收公平原则。量能负担；负担能力的标准。

（3）税收效率原则。经济效率；行政效率。

（4）实质课税原则。根据纳税人的真实负担能力决定其税负。

（二）适用原则

税法适用原则是指税务行政机关和司法机关运用税收法律规范解决具体问题所必须遵循的准则。

（1）法律优位原则。税收法律的效力高于税收行政法规的效力，税收行政法规的效力高于税收行政规章的效力。

（2）法律不溯及既往原则。新法实施后，对新法实施之前人们的行为不得适用新法，而只能沿用旧法。

（3）新法优于旧法原则。新法、旧法对同一事项有不同规定时，新法的效力优于旧法。

（4）特别法优于普通法原则。对同一事项两部法律分别定有一般和特别规定时，特别规定的效力高于一般规定的效力（打破了税法效力等级的限制）。

（5）实体从旧、程序从新原则。实体法不具备溯及力，而程序法在特定条件下具备一定的溯及力。

（6）程序优于实体原则。在税收争讼发生时，程序法优于实体法，以保证国家课税权的实现。

三、税法的效力

（一）税法的空间效力

税法的空间效力是指税法在特定地域内发生的效力。我国税法的空间效力主要包括两种情况：

（1）在全国范围内有效。由全国人民代表大会及其常务委员会制定的税收法律，由国务院颁布的税收行政法规，财政部、国家税务总局制定的税收行政规章以及具有普遍约束力的税务行政命令在除个别特殊地区外的全国范围内有效。这里所谓的"个别特殊地区"，主要指我国香港、澳门、台湾地区和保税区等。

（2）在地方范围有效。这里包括两种情况：一是由地方立法机关或政府依法制定的地方性税收法规、规章、具有普遍约束力的税收行政命令在其管辖区域内有效；二是由全国人民代表大会及其常务委员会、国务院、财政部、国家税务总局制定的具有特别法性质的税收法律、税收法规、税收规章和具有普遍约束力的税收行政命令在特定地区（如经济特区，老、少、边、贫地区）有效。

（二）税法的时间效力

税法的时间效力是指税法何时开始生效、何时终止效力和有无溯及力的问题。

（1）税法的生效。在我国，税法的生效分为三种情况：一是税法通过一段时间后生效，其优点在于可以使广大纳税人和执法人员事先学习、了解和掌握该税法的具体内容，便于其准确地贯彻、执行；二是税法自通过发布之日起生效，这种方式可以兼顾税法实施的及时性与准确性，大多数税法采用这种方式；三是税法公布后授权地方政府自行确定实施日期，这种税法生效方式实质上是将税收管理权限下放给地方政府。

（2）税法的失效。税法的失效表明其法律约束力的终止，其失效通常有三种类型：一是以新税法代替旧税法，这是最常见的税法失效宣布方式，即以在新税法中规定的生效日期为旧税法的失效日期；二是直接宣布废止某项税法，当税法结构调整，需要取消某项税法、又没有新的相关税法设立时，往往需要另外宣布取消废止的税法；三是税法本身规定废止日期，即在税法的有关条款中预先确定废止的日期，届时税法自动失效。鉴于这种方法较为死板，易于使国家财政陷于被动，因此在税收立法实践中很少采用。

税法时间效力的另一个问题是溯及力问题，一部新税法实施后，对其实施之前纳税人的行为如何适用，该税法具有溯及力，反之则无溯及力。我国及大多数国家都坚持不溯及既往的原则。

（三）税法对人的效力

税法对人的效力指税法对什么人适用、能管辖哪些人。由于税法的空间效力、时间效力最终都要归结为对人的效力，因此其十分重要。在处理税法对人的效力时，国际上通行的原则有三个：一是属人主义原则，即凡是本国的公民或居民，不管其身居国内还是国外，都要受本国税法的管辖；二是属地主义原则，即凡是本国领域内的法人和个人，不管其身份如何，都适用本国税法；三是属人、属地相结合的原则，我国税法即采用这一原则。凡我国公民，在我国居住的外籍人员，以及在我国注册登记的法人或虽未在我国设立机构、场所，但有来源于我国收入的外国企业、公司、经济组织等，均适用我国税法。

【任务实施】

（1）完成初级税务专员基础与认知（CMAC 三级）配套章节练习。

（2）完成初级税务专员基础与认知（CMAC 三级）平台任务（参考 CMAC 试题操作指南）。

任务二　了解税收法律关系

【任务描述】

（1）了解税法的概念及特点；

（2）了解税收法律关系主体。

【知识储备】

一、税收法律关系的概念及特点

（一）税收法律关系的概念

税收法律关系是指税法确认和调整的国家与纳税人之间、国家与国家之间以及各级政府之间在税收分配过程中间所形成的权利义务关系，包括：

（1）国家与纳税人间的税收宪法性法律关系。
（2）征税机关与纳税主体间的税收征纳关系。
（3）相关国家机关间的税收权限划分法律关系。
（4）国际税收权益分配法律关系。
（5）税收救济法律关系等。

（二）税收法律关系的特点

（1）主体的一方只能是国家。构成税收法律关系主体的一方可以是任何负有纳税义务的法人和自然人，但是另一方只能是国家。有一方主体固定为国家，成为税收法律关系的特点之一。

（2）体现国家单方面的意志。税收法律关系只体现国家单方面的意志，不体现纳税人一方主体的意志。税收法律关系的成立、变更、消灭不以主体双方意思表示一致为要件。

（3）权利义务关系具有不对等性。纳税人和国家法律地位是平等的，但在权利义务方面具有不对等性。

（4）具有财产所有权或支配权单向转移的性质。税收法律关系中的财产转移，具有无偿、单向、连续等特点，只要纳税人不中断税法规定的应纳税的行为，税法不发生变更，税收法律关系就将一直延续下去。

二、税收法律关系的主体

税收法律关系的主体为双主体，是指税收法律关系中依法享有权利和承担义务的双方当事人，一方为代表国家行使征税职责的国家行政机关，即征税主体，另一方为履行纳税义务的单位和个人，即纳税主体。

（一）征税主体

1. 征税主体的内涵

国家是真正的征税主体，税务机关通过获得授权成为法律意义上的征税主体。判断一个行政机关是否具备行政主体资格，关键要看其是否经过法律授权。税务机关之所以成为征税主体，是因为有国家的法定授权。税务机关行使的征税权极具程序性，不能自由放弃或转让。

作为征税主体的税务机关包括税务机关，也可以是履行征税职责的财政机关、海关。

2. 征税主体的权力和责任

征税主体的权力来源于《中华人民共和国税收征收管理法》（以下简称《税收征收管理法》），如有权办理税务登记，有权进行账簿、发票和凭证的管理，有权积极推广使用税控装置，有权接受和办理纳税申报，有权按规定的各种征税形式进行税款征收和委托征收，有权凭税务机关的证件执行税务检查等。

征税主体的责任主要包括：税务机关和税务人员负有提供纳税咨询服务的义务，帮助纳税人、扣缴义务人了解税法的规定与纳税程序有关情况的义务，办理减税、免税、退税、延期缴纳税款的手续，对进行税务检查的情况保密和对控告人、检举人保密，负责征收税款入库等。

（二）纳税主体

1. 纳税主体的内涵

纳税主体是指税收法律关系中依法履行纳税义务，进行税款缴纳行为的一方当事人。一种是狭义的纳税主体概念，即纳税主体仅指纳税人；另一种是广义的纳税主体概念，即将在税收征纳活动中所履行的主要义务在性质上属于纳税义务的有关主体均称为纳税主体。

2. 纳税主体的权利和义务

（1）纳税主体的权利

1）延期纳税权。

2）申请减税、免税权。

3）多缴税款申请退还权。

4）委托税务代理权。

5）要求税务机关承担赔偿责任权。

6）申请复议和提起诉讼权。

（2）纳税主体的义务

1）依法按期办理税务登记、变更登记或重新登记。

2）依法设置账簿，合法、正确使用有关凭证。

3）按照规定定期向主管税务机关报送纳税申报表、财务会计报表和其他有关资料。

4）按期进行纳税申报，及时、足额地缴纳税款。

5）主动接受和配合税务机关的纳税检查，如实报告其生产经营和纳税情况，并提供有关资料。

6）违反法律规定的纳税人，应按规定缴纳滞纳金、罚款，并接受其他法定处罚。

（三）税收法律关系的客体

税收法律关系的客体指税收法律关系主体权利义务共同指向的对象，包括物和行为两大类。物包括货币和实物，前者如销售额、所得额等，后者如房产、土地等；行为包括应税行为和《税收征收管理法》中规定的行为，前者如签订合同、占用耕地等，后者主要包括税务登记证的管理、纳税申报、税收保全、税收强制执行等措施。

三、税收法律关系的产生、变更与消灭

税收法律关系的产生指在税收法律关系主体间形成权利义务关系。税法属义务性法规，应以纳税主体应税行为的出现为标志，而不应当是征税主体或其他主体的行为。

税收法律关系的变更指由于某一法律事实的发生，使税收法律关系的主体、内容和客体发生变化。

税收法律关系的消灭指主体间权利义务的终止。

【任务实施】

（1）完成初级税务专员基础与认知（CMAC 三级）配套章节练习。

（2）完成初级税务专员基础与认知（CMAC 三级）平台任务（参考 CMAC 试题操作指南）。

任务三　了解税收立法与税法的实施

【任务描述】
（1）了解税收立法的概念和原则；
（2）了解税法实施。

【知识储备】

一、税收立法

（一）税收立法的概念

税收立法是指国家机关依据一定的程序，遵循一定的原则，运用一定的技术，制定、公布、修改、补充和废止有关税收法律、法规、规章的活动。税收立法是税法实施的前提，有法可依、有法必依、执法必严、违法必究是税收立法与税法实施过程中必须遵循的基本原则。

（二）税收立法的原则

（1）从实际出发原则。
（2）公平原则。
（3）民主决策原则。
（4）原则性与灵活性相结合原则。
（5）法律的稳定性、连续性与废、改、立相结合原则。

（三）税收立法机关

税收立法机关见表1-1。

表1-1　税收立法机关

分类	立法机关	形式	举例
税收法律	全国人大及其常委会	法律	《中华人民共和国企业所得税法》 《中华人民共和国个人所得税法》 《中华人民共和国税收征收管理法》

（续）

分类	立法机关	形式	举例
税收法律	全国人大及其常委会授权立法	暂行条例或条例	《中华人民共和国增值税暂行条例》《中华人民共和国消费税暂行条例》
税收法规	国务院	条例、暂行条例、实施细则	《中华人民共和国税收征收管理法实施细则》
税收规章	财政部、国家税务总局、海关总署及各级地方政府	办法、规则、规定	《税务代理试行办法》《房产税暂行条例实施细则》

【例题 1-2】 多选题

下列税收法律法规中，由全国人民代表大会立法确定的有（　　）。

A.《中华人民共和国企业所得税法》　　B.《中华人民共和国消费税暂行条例》
C.《中华人民共和国个人所得税法》　　D.《中华人民共和国房产税暂行条例》

答案：AC

二、税法实施

（一）税法实施

税法实施即税法执行，包括税收执法和守法两个方面：一方面要求税务机关和税务人员正确运用税收法律，并对违法者实施制裁；另一方面要求税务机关、税务人员、公民、法人、社会团体及其他组织严格遵守税收法律。

（二）税法实施的原则

（1）层次高的法律优于层次低的法律。
（2）同一层次的法律中，特别法优于普通法。
（3）国际法优于国内法。
（4）实体法从旧，程序法从新。

【任务实施】

（1）完成初级税务专员基础与认知（CMAC 三级）配套章节练习。
（2）完成初级税务专员基础与认知（CMAC 三级）平台任务（参考 CMAC 试题操作指南）。

任务四　了解我国税收管理体制

【任务描述】
（1）了解税收管理体制的概念；
（2）了解税收立法权的划分。

【知识储备】

一、税收管理体制的概念

税收管理体制是指在各级国家机构之间划分税权的制度。税权的划分有纵向划分和横向划分的区别。纵向划分是指税权在中央与地方国家机构之间的划分；横向划分是指税权在同级立法、司法、行政等国家机构之间的划分。

我国的税收管理体制是税收制度的重要组成部分，也是财政管理体制的重要内容。税收管理权限包括税收立法权、税收法律法规的解释权、税种的开征或停征权、税目和税率的调整权、税收的加征和减免权等。如果按大类划分，可以简单地将税收管理权限划分为税收立法权和税收执法权两类。

二、税收立法权的划分

税收立法权是指制定、修改、解释或废止税收法律、法规、规章和规范性文件的权力。它包括两方面的内容：一是什么机关有税收立法权；二是各级机关的税收立法权是如何划分的。

（一）税收立法权划分的种类

税收立法权的明确有利于保证国家税法的统一制定和贯彻执行，充分、准确地发挥各级有权机关管理税收的职能作用，防止各种越权自定章法、随意减免税收现象的发生。

税收立法权的划分可按以下不同的方式进行：
（1）可以按照税种类型的不同来划分。如按流转税类、所得税类、地方税类来划分。有关特定税收领域的税收立法权通常全部给予特定一级的政府。

（2）可以根据任何税种的基本要素来划分。任何税种都由纳税人、征税对象、税基、税率、税目、纳税环节等构成。理论上，可以将税种的某一要素如税基和税率的立法权，授予某级政府。但在实践中，这种做法并不多见。

（3）可以根据税收执法的级次来划分。立法权可以给予某级政府，行政上的执行权给予另一级，这是一种传统的划分方法，适用于任何类型的立法权。根据这种模式，有关纳税主体、税基和税率的基本法规的立法权放在中央政府，更具体的税收实施规定的立法权给予较低级的政府。因此，需要指定某级政府制定不同级次的法律。我国的税收立法权的划分就属于此种类型。

（二）我国税收立法权划分的现状

我国税收立法权划分如下：

（1）中央税收立法权

中央税收集中立法包括：中央税、中央与地方共享税以及全国统一实行的地方税，立法权集中在中央的目的是保证中央政令统一，维护全国统一市场和企业平等竞争。其中，中央税是指维护国家权益、实施宏观调控所必需的税种，具体包括消费税、关税、车辆购置税等；中央和地方共享税是指同经济发展直接相关的主要税种，具体包括增值税、企业所得税、个人所得税等；地方税具体包括土地增值税、城市维护建设税、城镇土地使用税、房产税、车船税等。

（2）地方税收立法权

依法赋予地方适当的地方税收立法权。我国地域辽阔，地区间经济发展水平很不平衡，经济资源包括税源都存在着较大差异，这种状况给全国统一制定税收法律带来一定的难度。因此，随着分税制改革的进行，有前提地、适当地给地方下放一些税收立法权，使地方可以实事求是地根据自己特有的税源开征新的税种，促进地方经济的发展。这样，既有利于地方因地制宜地发挥当地的经济优势，同时便于同国际税收惯例对接。

具体来说，我国税收立法权划分的层次如下：

1）全国性税种的立法权，即包括全部中央税、中央与地方共享税和在全国范围内征收的地方税税法的制定、公布和税种的开征、停征权，属于全国人民代表大会（以下简称全国人大）及其常务委员会（以下简称常委会）。

2）经全国人大及其常委会授权，全国性税种可先由国务院以"条例"或"暂行条例"的形式发布施行。经一段时期后，再进行修订并通过立法程序，由全国人大及其常委会正式立法。

3）经全国人大及其常委会授权，国务院有制定税法实施细则、增减税目和调整税率的权力。

4）经全国人大及其常委会授权，国务院有税法的解释权；经国务院授权，国家税务主管部门（财政部、国家税务总局及海关总署）有税收条例的解释权和制定税收条例实施细则的权力。

5）省级人民代表大会及其常委会有根据本地区经济发展的具体情况和实际需要，在不违背国家统一税法、不影响中央财政收入、不妨碍我国统一市场的前提下，开征全国性税种以外的地方税种的税收立法权。税法的公布，税种的开征、停征，由省级人民代表大会及其常委会统一规定，所立税法在公布实施前须报全国人大常委会备案。

6）经省级人民代表大会及其常委会授权，省级人民政府有本地区地方税法的解释权和制定税法实施细则、调整税目、税率的权力，也可在上述规定的前提下，制定一些税收征收办法，还可以在全国性地方税条例规定的幅度内，确定本地区适用的税率或税额。上述权力除税法解释权外，在行使后和发布实施前须报国务院备案。

地区性地方税收的立法权应只限于省级立法机关或经省级立法机关授权同级政府，不能层层下放。所立税法可在全省（自治区、直辖市）范围内执行，也可只在部分地区执行。

关于我国现行税收立法权的划分问题，迄今为止，尚无一部法律对其加以完整规定，只是散见于若干财政和税收法律、法规中，尚有待于税收基本法做出统一规定。

【例题1-3】 多选题

下列税种，全部属于中央政府固定收入的有（   ）。

A.消费税　　　　B.增值税　　　　C.车辆购置税　　　　D.资源税

答案：AC

【例题1-4】 多选题

下列税种中，税收收入和税收管辖权限均属于中央的是（   ）。

A.车辆购置税　　B.土地增值税　　C.消费税　　　　D.矿产品的资源税

答案：AC

三、税务行政处罚

税务行政处罚包括警告（责令限期改正）、罚款、停止出口退税权、没收违法所得、收缴发票或者停止发售发票、吊销营业执照、通知出境管理机关阻止出境等。

【任务实施】

（1）完成初级税务专员基础与认知（CMAC三级）配套章节练习。

（2）完成初级税务专员基础与认知（CMAC 三级）平台任务（参考 CMAC 试题操作指南）。

【知识扩展】

中国古代的税法

1. 奴隶社会的税法

（1）夏、商、周时期

税法的建立总是与国家的建立相伴的。考察我国历史，夏朝是第一个奴隶制国家，我国历史上的税法也就是从这个时候开始的。夏朝及以后的商朝及西周，是我国历史发展的一个重要时期，这时的税法制度被概括成贡、助、彻。

（2）春秋战国时期

春秋战国时期是社会激变的时代。统一的集权国家被分封的奴隶制国家所取代，战争不断，井田制遭到破坏，社会思想比较活跃，同时社会生产力发展较快，税法也产生了较大的变化。这一时期较大的税法变革主要有：

1）鲁国实行"初税亩"。改革旧有田赋征收制度，不论公田和私田，一律按田亩多少征税。

2）秦国商鞅变法。涉及税收的内容主要是奖励耕织，鼓励分家立户，扩大税源。

2. 封建社会的税法

封建社会大约跨越两千年的历史长河，是中华文明形成与发展的主要时期。与封建制度相适应的税法制度在调整中逐渐稳定下来，并不断得到完善，但在不同的朝代也发生着不同的变革，体现着时代的特征。

（1）秦汉时期

秦始皇统一中国，开始了漫长的封建专制时代，秦朝先后颁布了《田律》《仓律》和《徭律》，主要征收田赋、户赋和口赋，奠定了封建社会税法的基本模式。

（2）唐朝时期

唐朝是我国封建社会发展的巅峰时期，社会经济空前繁荣，税源相对丰足。唐初，统治阶级还比较注意征收有度，缓解社会经济矛盾，当时征收的税种主要包括以下几种：

1）田赋——租庸调制。

2）户税。

3）地税。唐初，地税实为义仓收入，在"田租"外按田亩或户等缴纳。

唐朝中期税法最大的改革是实行"两税法"。"两税法"的具体内容可归纳为以下几点：

1）国家取得财政收入按照"量出制入"的原则，采用配赋税的形式，即在确定第二年的财政征收总额时先要对国家各项经费开支进行估算，以此确定征收总额，再按一定比例下达全国，组织征收。

2）以各地现居人口（不分主、客户）为纳税人。行商无固定地点，则在所在州、县征收。

3）税率的确定：户税，按九等分摊；地税，以大历十四年的垦土数为基准按比例分摊；不分丁男中男，一律按资产多少摊征，商人按其收入纳税。

4）税款分夏秋两次缴纳，夏税不得晚于六月底，秋税不得迟于十一月底。

5）实物税与货币税并重，但以实物税为主。原则上户税交钱，地税交实物，但在实际缴纳时再按国家规定或折钱，或折物。

6）鳏寡孤独及赤贫者免征。

7）原来的租庸调和一切杂摇、杂税的征收制度作废。

8）如在两税外擅自加征者，以违法论处。

"两税法"是我国赋税史上的重大改革，它对于平衡税负、合理负担、促进经济发展、巩固中央财政都曾起到了积极作用。

（3）明清时期

明朝赋役制度的改革主要是实行著名的"一条鞭法"。为了缓解严重的政治与经济危机，巩固明王朝的统治，张居正提出赋役制度改革方案，在查实土地数量的基础上，实行"一条鞭法"：

1）把明初以来分别征收的田赋和徭役合二为一，总编为一条，并入田赋的夏、秋二税中一起征收。

2）每一州县每年需要的力役，由官府从所收的税款中拿出钱来雇募，不再无偿调发平民。

3）把以前向地方索取的土贡方物，以及上交京库备作岁需和留在地方备作供应的费用，都在一条鞭中课征。

4）课征对象为田亩，纳税形态是以银折办，即所谓"计亩征银"。

5）赋、役、土贡等合并后，国家的课税总额不得改变，国家财政收入得到了保证。

6）盐税、酒税、茶课、商课、矿课等税收，仍然继续分别课征。

项目二

增 值 税

任务一　了解增值税

【任务描述】
（1）了解增值税的概念；
（2）了解增值税的特点与类型；
（3）掌握增值税纳税主体与征收范围。

【知识储备】

一、增值税的概念特点与类型

（一）增值税的概念

增值税是以商品（含应税劳务）在流转过程中产生的增值额作为计税依据而征收的一种流转税。从计税原理上说，增值税是对商品生产、流通、劳务服务中多个环节的新增价值或商品的附加值征收的一种流转税。实行价外税，也就是由消费者负担，有增值才征税，没增值不征税。

（二）增值税的特点

（1）不重复征税，具有中性税收的特征。所谓中性税收，是指税收对经济行为包括企业生产决策、生产组织形式等不产生影响，由市场对资源配置发挥基础性、主导性作用。

（2）逐环节征税，逐环节扣税，最终消费者是全部税款的承担者。作为一种新型的流转税，增值税保留了传统间接税按流转额全值计税和道道征税的特点，同时还实行税款抵扣制度。

（3）税基广阔，具有征收的普遍性和连续性。无论是从横向还是从纵向来看，增值税都有着广阔的税基。从生产经营的横向关系看，无论工业、商业或者劳务服务活动，只要收入增值就要纳税；从生产经营的纵向关系看，每一货物无论经过多少生产经营环节，都要按各道环节上发生的增值额逐次征税。

（三）增值税的类型

增值税按对外购固定资产处理方式的不同可分为生产型增值税、收入型增值税、消费型增值税三种类型。

1. 生产型增值税

生产型增值税是增值税的一种，生产型增值税以纳税人的销售收入减去用于生产、经营的外购原材料、燃料、动力等物质资料价值后的余额作为法定的增值额。但对购入的固定资产及其折旧均不允许扣除。其内容从整个社会来说相当于国民生产总值，所以称为生产型增值税。此类型的增值税对固定资产存在重复征税的问题，所以生产型增值税属于一种不彻底的增值税。这种类型的增值税虽然不利于鼓励投资，但可保证财政收入。

2. 收入型增值税

收入型增值税除允许扣除外购物质资料的价值以外，对于购置用于生产、经营活动的固定资产，允许将其已提取折旧的价值额扣除。即对于购入的固定资产，可以按照磨损程度相应地予以扣除。这个法定增值额，就整个社会来说，相当于国民收入，因此将这种类型的增值税称作收入型增值税。此种类型的增值税从理论上讲是一种标准的增值税，但由于外购固定资产价款是以计提折旧的方式分期转入产品价值的，且转入部分没有逐笔对应的外购凭证，故给凭发票扣税的计算方法带来困难，从而影响了这种方法的广泛采用。

3. 消费型增值税

消费型增值税是指允许纳税人在计算增值税额时，从商品和劳务销售额中扣除当期购进的固定资产总额的一种增值税。也就是说，厂商的资本投入品不算入产品增加值，这样，从全社会的角度来看，增值税相当于只对消费品征税，其税基总值与全部消费品总值一致，故称消费型增值税。从理论上分析，增值税是以商品生产流通各环节或提供劳务的增值额为计税依据而征收的一个税种。增值额是指一定时期内劳动者在生产过程中新创造的价值额，从税收征管实际看，增值额是指商品或劳务的销售额扣除法定外购项目金额之后的余额。我国实行消费型增值税。

二、增值税纳税主体

（一）增值税的纳税义务人

根据《中华人民共和国增值税暂行条例》（以下简称《增值税暂行条例》）及《营业税改增值税试点实施办法》（财税〔2016〕36号）的规定，凡在中华人民共和国境内销售货物或者提供加工、修理修配劳务、销售服务、无形资产或者不动产，以及进口货物的单位和个人，为增值税的纳税人。

单位是指一切从事销售或者进口货物、提供劳务、销售服务、无形资产或不动产的单位都是增值税纳税义务人，包括国有企业、集体企业、私有企业、股份制企业、其他企业和行政单位、事业单位等。

个人是指从事货物销售或进口货物，提供应税劳务、销售应税服务、无形资产或不动产的个人都是增值税纳税义务人，包括个体经营者及其他个人。

单位租赁或承包给其他单位或者个人经营的，以承租人或承包人为纳税人。

对报关进口的货物，以进口货物的收货人或办理报关手续的单位和个人为进口货物的纳税人。对代理进口货物，以海关开具的完税凭证上的纳税人为增值税纳税人。即对报关进口货物，凡是海关的完税凭证开具的委托方的，对代理方不征增值税；凡是海关的完税凭证开具给代理方的，对代理方应按规定征收增值税。

资管产品运营过程中发生的增值税应税行为，以资管产品管理人为增值税纳税人。

建筑企业与发包方签订建筑合同后，以内部授权或者三方协议等方式，授权集团内其他纳税人为发包方提供建筑服务，并由第三方直接与发包方结算工程款的，由第三方缴纳增值税，与发包方签订建筑合同的建筑企业不缴纳增值税。

（二）增值税的扣缴义务人

境外的单位或个人在境内销售应税劳务和应税服务而在境内未设有经营机构的，其应纳税款以代理人为扣缴义务人；没有代理人的，以购买者为扣缴义务人。

在中华人民共和国境外（以下简称境外）单位或个人在境内销售服务、无形资产或者不动产，在境内未设有经营机构的，以购买方为增值税扣缴义务人。财政部和国家税务局另有规定的除外。

在中华人民共和国境内销售货物或提供加工、修理修配劳务是指销售货物的起运地或所在地在境内；提供的应税劳务发生地在境内。

在境内销售服务、无形资产或者不动产，是指：

（1）服务（租赁不动产除外）或者无形资产（自然资源使用权除外）的销售方或者购买方在境内。

（2）所销售或者租赁的不动产在境内。

（3）所销售自然资源使用权的自然资源在境内。

（4）财政部和国家税务总局规定的其他情形。

三、增值税征税范围

（一）征税范围的一般规定

增值税征税范围包括货物的生产、批发、零售和进口四个环节，2016年5月1日以后，伴随着《营业税改增值税试点实施办法》以及相关配套政策的实施，"营改增"试点行业扩大到销售服务、无形资产或者不动产（以下称应税行为），增值税的征税范围覆盖第一产业、第二产业和第三产业。

1. 销售或者进口货物

销售货物是指有偿转让货物的所有权。货物是指除土地、房屋和其他建筑物等不动产之外的有形动产，包括电力、热力和气体；有偿包括从购买方取得货币、货物或其他经济利益。

进口货物是指申报进入我国海关境内的货物。确定一项货物是否属于进口货物，必须看其是否办理了报关进口手续。通常，境外产品要输入我国境内，必须向我国海关申报进口，并办理有关报关手续。只要是报关进口的应税货物，均属于增值税征税范围，在进口环节缴纳增值税（享受免税政策的货物除外）。

2. 销售劳务

销售劳务包括销售加工劳务和销售修理修配劳务。加工是指接受来料承做货物，该货物所有权仍属委托方，受托方按要求制造货物并收取加工费的业务；修理修配是指对损伤或丧失功能的货物进行修复，使其恢复原状和功能的业务。

3. 销售服务

销售服务是指提供交通运输服务、邮政服务、电信服务、建筑服务、金融服务、现代服务、生活服务,以及销售无形资产和不动产。

(1)交通运输服务。交通运输服务是指使用运输工具将货物或者旅客送达目的地,使其空间位置得到转移的业务活动,包括陆路运输服务、水路运输服务、航空运输服务和管道运输服务。

1)陆路运输服务。陆路运输服务是指通过陆路(地上或者地下)运送货物或者旅客的运输业务活动,包括铁路运输服务和其他陆路运输服务。

铁路运输服务是指通过铁路运送货物或者旅客的运输业务活动。

其他陆路运输服务是指铁路运输以外的陆路运输业务活动,包括公路运输、缆车运输、索道运输、地铁运输、城市轻轨运输等。

出租车公司向使用本公司自有出租车的出租车司机收取的管理费用,按陆路运输服务缴纳增值税。

2)水路运输服务。水路运输服务是指通过江、河、湖、川等天然、人工水道或者海洋航道运送货物或者旅客的运输业务活动。

水路运输的程租、期租业务,属于水路运输服务。

程租业务是指运输企业为租船人完成某一特定航次的运输任务并收取租赁费的业务。

期租业务是指运输企业将配备有操作人员的船舶承租给他人使用一定期限。承租期内听候承租方调遣,不论是否经营,均按天向承租方收取租赁费,发生的固定费用均由船东负担的业务。

3)航空运输服务。航空运输服务是指通过空中航线运送货物或者旅客的运输业务活动。

航空运输的湿租业务,属于航空运输服务。湿租业务是指航空运输企业将配备有机组人员的飞机承租给他人使用一定期限,承租期内听候承租方调遣,不论是否经营,均按一定标准向承租方收取租赁费,发生的固定费用均由承租方承担的业务。

航天运输服务,按照航空运输服务征收增值税。航天运输服务是指利用火箭等载体将卫星、空间探测器等空间飞行器发射到空间轨道的业务活动。

4)管道运输服务。管道运输服务是指通过管道设施输送气体、液体、固体物质的运输业务活动。

无运输工具承运业务,按照交通运输服务缴纳增值税。无运输工具承运业务是指经营者以承运人身份与托运人签订运输服务合同,收取运费并承担承运人责任,然后委托实际承运人完成运输服务的经营活动。

(2)邮政服务。邮政服务是指中国邮政集团公司及其所属邮政企业提供邮件寄递、邮政汇兑和机要通信等邮政基本服务的业务活动,包括邮政普遍服务、邮政特殊服务和其他邮政服务。

1）邮政普遍服务。邮政普遍服务是指函件、包裹等邮件寄递，以及邮票发行、报刊发行和邮政汇兑等业务活动。

函件是指信函、印刷品、邮资封片卡、无名址函件和邮政小包等。

包裹是指按照封装上的名址递送给特定个人或者单位的独立封装的物品，其重量不超过50千克，任何一边的尺寸不超过150厘米，长、宽、高合计不超过300厘米。

2）邮政特殊服务。邮政特殊服务是指义务兵平常信函、机要通信、盲人读物和烈士遗物的寄递等业务活动。

3）其他邮政服务。其他邮政服务是指邮册等邮品销售、邮政代理等业务活动。

中国邮政速递物流股份有限公司及其子公司（含各级分支机构），不属于中国邮政集团公司所属邮政企业。

（3）电信服务。电信服务是指利用有线、无线的电磁系统或者光电系统等各种通信网络资源，提供语音通话服务，传送、发射、接收或者应用图像、短信等电子数据和信息的业务活动，包括基础电信服务和增值电信服务。

1）基础电信服务是指利用固网、移动网、卫星、互联网，提供语音通话服务的业务活动，以及出租或者出售带宽、波长等网络元素的业务活动。

2）增值电信服务是指利用固网、移动网、卫星、互联网、有线电视网络，提供短信和彩信服务、电子数据和信息的传输及应用服务、互联网接入服务等业务活动。卫星电视信号落地转接服务，按照增值电信服务计算缴纳增值税。

根据国家税务总局公告2015年第90号的规定，自2016年2月1日起，纳税人通过楼宇、隧道等室内通信分布系统，为电信企业提供的语音通话和移动互联网等无线信号室分系统传输服务，分别按照基础电信服务和增值电信服务缴纳增值税。

（4）建筑服务。建筑服务是指各类建筑物、构筑物及其附属设施的建造、维修、装饰，线路、管道、设备、设施等的安装以及其他工程作业的业务活动，包括工程服务、安装服务、修缮服务、装饰服务和其他建筑服务。

（5）金融服务。金融服务是指经营金融保险的业务活动，包括贷款服务、直接收费金融服务、保险服务和金融商品转让。"保本收益、报酬、资金占用费、补偿金"，是指合同中明确承诺到期本金可全部收回的投资收益。金融商品持有期间（含到期）取得的非保本的上述收益，不属于利息或利息性质的收入，不征收增值税。

（6）现代服务。现代服务是指围绕制造业、文化产业、现代物流产业等提供技术性、知识性服务的业务活动，包括研发和技术服务、信息技术服务、文化创意服务、物流辅助服务、租赁服务、鉴证咨询服务、广播影视服务、商务辅助服务和其他现代服务。

（7）生活服务。生活服务是指为满足城乡居民日常生活需求提供的各类服务活动，包括文化体育服务、教育医疗服务、旅游娱乐服务、餐饮住宿服务、居民日常服务和其他生活服务。提供餐饮服务的纳税人销售的外卖食品，按照"餐饮服务"缴纳增值税。

（8）销售无形资产。销售无形资产是指有偿转让无形资产，是转让无形资产所有权或者使用权的业务活动。

无形资产是指不具实物形态，但能带来经济利益的资产，包括技术、商标、著作权、商誉、自然资源使用权和其他权益性无形资产。

技术，包括专利技术和非专利技术。

自然资源使用权，包括土地使用权、海域使用权、探矿权、采矿权、取水权和其他自然资源使用权。

其他权益性无形资产，包括基础设施资产经营权、公共事业特许权、配额、经营权（包括特许经营权、连锁经营权、其他经营权）、经销权、分销权、代理权、会员权、席位权、网络游戏虚拟道具、域名、名称权、肖像权、冠名权、转会费等。

（9）销售不动产。销售不动产是指有偿转让不动产，是转让不动产所有权的业务活动。

不动产是指不能移动或者移动后会引起性质、形状改变的财产，包括建筑物、构筑物等。建筑物，包括住宅、商业营业用房、办公楼等可供居住、工作或者进行其他活动的建造物。构筑物，包括道路、桥梁、隧道、水坝等建造物。

转让建筑物有限产权或者永久使用权的，转让在建的建筑物或者构筑物所有权的，以及在转让建筑物或者构筑物时一并转让其所占土地使用权的，按照销售不动产缴纳增值税。

有偿是指取得货币、货物或者其他经济利益。

（二）征税范围的特殊项目

（1）经营罚没物品（未上缴财政的）收入，照章征收增值税。

（2）航空公司已售票但未提供航空运输服务取得的逾期票证收入，按照航空运输服务缴纳增值税。

（3）药品生产企业销售自产创新药的销售额，为向购买方收取的全部价款和价外费用。

（4）单用途卡售卡方因发行或者销售单用途卡并办理相关资金收付结算业务取得的手续费、结算费、服务费、管理费等收入，应按照现行规定缴纳增值税。

（三）视同销售的征税规定

1. 视同销售货物

（1）将货物交付其他单位或者个人代销。

（2）销售代销货物。

（3）设有两个以上机构并实行统一核算的纳税人，将货物从一个机构移送其他机构用于销售，但相关机构设在同一县（市）的除外。

用于销售是指受货机构发生以下情形之一的经营行为：①向购货方开具发票；②向购货方收取货款。受货机构的货物移送行为有上述两项情形之一的，应当向所在地税务机关缴纳增值税；未发生上述两项情形的，则应由总机构统一缴纳增值税。如果受货机构只就部分货物向购买方开具发票或收取货款，则应当区别不同情况计算并分别向总机构所在地或分支机构所在地税务机关缴纳税款。

（4）将自产、委托加工的货物用于集体福利或个人消费。

（5）将自产、委托加工的货物作为投资，提供给其他单位或个体工商户。

（6）将自产、委托加工的货物分配给股东或投资者。

（7）将自产、委托加工的货物无偿赠送给其他单位或者个人。

2. 视同销售服务、无形资产或者不动产

（1）单位或者个体工商户向其他单位或者个人无偿提供服务，但用于公益事业或者以社会公众为对象的除外。

（2）单位或者个人向其他单位或者个人无偿转让无形资产或者不动产，但用于公益事业或者以社会公众为对象的除外。

（3）财政部和国家税务总局规定的其他情形。

纳税人出租不动产，租赁合同中约定免租期的，不属于视同销售服务。

【任务实施】

（1）完成初级税务专员基础与认知（CMAC 三级）配套章节练习。

（2）完成初级税务专员基础与认知（CMAC 三级）平台任务（参考 CMAC 试题操作指南）。

任务二 掌握一般纳税人和小规模纳税人的认定及管理

【任务描述】

（1）掌握一般纳税人的认定及管理；

（2）掌握小规模纳税人的认定及管理。

【知识储备】

由于增值税实行凭增值税专用发票抵扣税款的制度，因此要求增值税纳税人核算健全，并能够准确核算销项税额、进项税额和应纳税额。我国众多纳税人的会计核算水平参差不齐，加上某些经营规模小的纳税人因其销售货物或提供应税劳务的对象多是最终消费者而无须开具增值税专用发票，为了严格增值税的征收管理，《增值税暂行条例》将纳税人按其经营规模大小及会计核算健全与否划分为一般纳税人和小规模纳税人。

一、一般纳税人的资格登记及管理

（一）一般纳税人的资格登记办法

根据《增值税一般纳税人登记管理办法》（国家税务总局令第43号）和《关于增值税一般纳税人登记管理若干事项的公告》（国家税务总局公告2018年第6号）的规定，增值税一般纳税人（以下简称一般纳税人）资格实行登记制，符合一般纳税人条件的纳税人应当向主管税务机关办理一般纳税人资格登记。登记事项由增值税纳税人向其主管税务机关办理。

（1）纳税人办理一般纳税人资格登记的程序

①纳税人向主管税务机关填报《增值税一般纳税人资格登记表》，并提供税务登记证件。该证件包括纳税人领取的由工商行政管理部门核发的加载法人和其他组织统一社会信用代码的营业执照。

②纳税人填报内容与税务登记信息一致的，主管税务机关当场登记。

③纳税人填报内容与税务登记信息不一致,或者不符合填列要求的,税务机关应当当场告知纳税人需要补正的内容。

(2)纳税人年应税销售额超过财政部、国家税务总局规定标准,且符合有关政策规定,选择按小规模纳税人纳税的,应当向主管税务机关提交书面说明。个体工商户以外的其他个人年应税销售额超过规定标准的,不需要向主管税务机关提交书面说明。

(3)纳税人在年应税销售额超过规定标准的月份(或季度)的所属申报期结束后15日内按照上述(1)或(2)的规定办理相关手续;未按规定时限办理的,主管税务机关应当在规定时限结束后5日内制作《税务事项通知书》,告知纳税人应当在5日内向主管税务机关办理相关手续;逾期仍不办理的,次月起按销售额依照增值税税率计算应纳税额,不得抵扣进项税额,直至纳税人办理相关手续为止。

(4)除财政部、国家税务总局另有规定外,纳税人自其选择的一般纳税人资格生效之日起,按照增值税一般计税方法计算应纳税额,并按照规定领用增值税专用发票。

(二)符合一般纳税人资格的判断条件

一般纳税人是指年应征增值税销售额(以下简称年应税销售额,包括一个公历年度内的全部应税销售额),超过增值税暂行条例实施细则规定的小规模纳税人标准的企业和企业性单位(以下简称企业)。

上述所称年应税销售额,是指纳税人在连续不超过12个月的经营期内累计应征增值税销售额,包括纳税申报销售额、稽查查补销售额、纳税评估调整销售额、税务机关代开发票销售额和免税销售额。"稽查查补销售额"和"纳税评估调整销售额"计入查补税款申报当月(或当季)的销售额,不计入税款所属期销售额。"经营期"是指在纳税人存续期内的连续经营期间,含未取得销售收入的月份或季度。

年应征增值税销售额超过财政部和国家税务总局规定标准的纳税人为一般纳税人,未超过规定标准的纳税人为小规模纳税人。

下列纳税人不办理一般纳税人资格登记:

(1)年应税销售额未超过小规模纳税人标准的企业(以下简称小规模企业)。
(2)个体工商户以外的其他个人(其他个人是指自然人)。
(3)选择按照小规模纳税人纳税的非企业性单位。
(4)不经常发生增值税应税行为的企业。

(三)一般纳税人登记办理的所在地

纳税人应当向其机构所在地主管税务机关办理一般纳税人资格登记。

二、小规模纳税人的资格登记及管理

小规模纳税人是指年销售额在规定标准以下，并且会计核算不健全，不能按规定报送有关税务资料的增值税纳税人。所称会计核算不健全是指不能正确核算增值税的销项税额、进项税额和应纳税额。

根据《增值税暂行条例》《中华人民共和国增值税暂行条例实施细则》（以下简称《增值税暂行条例实施细则》）和《财政部税务总局关于统一增值税小规模纳税人标准的通知》（财税〔2018〕33号）政策的规定，小规模的认定标准如下：

（1）增值税小规模纳税人标准为年应征增值税销售额500万元及以下。

（2）年应税销售额超过小规模纳税人标准的其他个人按小规模纳税人纳税。

（3）非企业性单位、不经常发生应税行为的企业可选择按小规模纳税人纳税。

根据财税〔2018〕33号政策规定，按照《增值税暂行条例实施细则》第二十八条规定已登记为增值税一般纳税人的单位和个人，在2018年12月31日前，可转登记为小规模纳税人，其未抵扣的进项税额作转出处理。对小规模纳税人的确认，由主管税务机关依税法规定的标准认定。

【任务实施】

（1）完成初级税务专员基础与认知（CMAC三级）配套章节练习。

（2）完成初级税务专员基础与认知（CMAC三级）平台任务（参考CMAC试题操作指南）。

任务三 掌握增值税的税率与征收率

【任务描述】

（1）掌握增值税一般税率；

（2）掌握增值税征收率。

【知识储备】

一、增值税税率

（一）基本税率

增值税一般纳税人销售或者进口货物，提供加工、修理修配劳务，提供应税服务，除低税率适用范围外，税率一律为13%，这就是通常所说的基本税率。

（二）低税率

（1）纳税人销售或者进口下列货物的，税率为9%。这一税率即是通常所说的低税率。

1）粮食、食用植物油。
2）自来水、暖气、冷水、热水；煤气、石油液化气、天然气、沼气、居民用煤炭制品。
3）图书、报纸、杂志。
4）饲料、化肥、农药、农机、农膜。
5）农业产品。
6）国务院规定的其他货物。

（2）提供有形动产租赁服务，税率为13%。

（3）提供交通运输业服务、邮政服务、基础电信服务、建筑业和房地产业，销售不动产，税率为9%。

（4）提供部分现代服务业（有形动产租赁服务除外）、提供增值电信服务，销售无形资产，税率为6%。

（5）财政部和国家税务总局规定的应税服务，税率为零。

（三）适用退（免）税

一般纳税人出口货物，适用退（免）税规定的，应当向海关办理出口手续，凭出口报关单等有关凭证，在规定的出口退（免）税申报期内按月向主管税务机关申报办理该项货物的退（免）税。

二、征收率

（一）3%征收率的适用范围

考虑到小规模纳税人经营规模小，且会计核算不健全，无法准确核算进项税额和销项税额，因此小规模纳税人实行按销售额与征收率计算应纳税额的简易方法。小规模纳税人适用征收率为3%。

根据"营改增"的规定，交通运输业、邮政业、电信业、建筑业和现代服务业营业税改增值税中的小规模纳税人适用3%的征收率。

（二）5%征收率的适用范围

（1）一般纳税人销售不动产，选择适用简易计税方法，征收率为5%。

（2）房地产开发企业的一般纳税人销售自行开发的房地产老项目，选择适用简易计税方法，征收率为5%。

（3）小规模纳税人销售不动产，适用5%征收率。

（4）一般纳税人出租其2016年4月30日前取得的不动产，选择按简易方法计税，征收率为5%。

（5）小规模纳税人出租其取得的不动产（不含个人出租住房），按照5%的征收率征收增值税。

（三）个人出租住房的征收率

个人出租住房，按照5%的征收率减按1.5%计算纳税。

【任务实施】

（1）完成初级税务专员基础与认知（CMAC三级）配套章节练习。

（2）完成初级税务专员基础与认知（CMAC三级）平台任务（参考CMAC试题操作指南）。

任务四　掌握增值税的计税方法

【任务描述】

（1）掌握一般纳税人适用的计税方法；
（2）掌握小规模纳税人适用的计税方法；
（3）了解扣缴义务人适用的计税方法。

【知识储备】

一、一般纳税人适用的计税方法

一般纳税人销售货物或者提供应税劳务和应税服务适用一般计税方法计税。其计算公式为

$$当期应纳增值税税额 = 当期销项税额 - 当期进项税额$$

但是一般纳税人销售或提供财政部和国家税务总局规定的特定的销售货物、应税劳务、应税服务，可以选择适用简易计税方法计税，一经选择，36个月内不得变更。

二、小规模纳税人适用的计税方法

小规模纳税人销售货物、提供应税劳务和应税服务适用简易计税方法计税。但是上述一般纳税人销售、提供或者发生财政部和国家税务总局规定的特定的销售货物、应税劳务、应税行为的，也可以选择适用简易计税方法计税。简易计税方法的公式为

$$当期应纳增值税额 = 当期销售额（不含增值税）\times 征收率$$

三、扣缴义务人适用的计税方法

境外单位或者个人在境内提供应税服务，在境内未设置有经营机构的，扣缴义务人按照下列公式计算应扣缴税额：

应扣缴税额 = 接受方支付的价款 ÷（1+税率）× 税率

【任务实施】

（1）完成初级税务专员基础与认知（CMAC 三级）配套章节练习。

（2）完成初级税务专员基础与认知（CMAC 三级）平台任务（参考 CMAC 试题操作指南）。

任务五　计算增值税

【任务描述】

（1）掌握增值税一般纳税人应纳税额的计算；

（2）掌握增值税小规模纳税人应纳税额的计算。

【知识储备】

一、一般纳税人应纳税额的计算

一般纳税人在销售货物或者提供应税劳务时，应以当期销项税额减去当期进项税额后的余额作为其应纳税额。具体公式为：

当期应纳增值税税额 = 当期销项税额 – 当期进项税额

如果出现当期销售税额小于当期进项税额时，发生不足抵扣的部分可以结转下期继续抵扣。

（一）当期销项税额的计算

当期销项税额是指纳税人在当期的纳税期限内销售货物或提供劳务时，按照销售额和规定的适用税率计算并向购买方收取的增值税税额。计算公式为：

销项税额 = 销售额 × 适用税率

1. 一般销售方式下的销售额

销售额为纳税人销售货物、应税劳务以及发生应税行为时向购买方收取的全部价款和价外费用，但是不包括向购买方收取的销项税额。

价外费用是指纳税人向购买方价外收取的手续费、补贴、基金、集资费、返还利润、奖励费、违约金、滞纳金、延期付款利息、赔偿金、代收款项、代垫款项、包装费、包装物租金、储备费、优质费、运输装卸费以及其他各种性质的价外收费。

下列项目不包括在内：

（1）受托加工应征消费税的消费品所代收代缴的消费税。

（2）同时符合以下条件的代垫运输费用：

1）承运部门的运输费用发票开具给购买方的。

2）纳税人将该项发票转交给购买方。

（3）同时符合以下条件代为收取的政府性基金或者行政事业性收费：

1）由国务院或者财政部批准设立的政府性基金，由国务院或者省级人民政府及其财政、价格主管部门批准设立的行政事业性收费。

2）收取时开具省级以上财政部门印制的财政票据。

3）所收款项全额上缴财政。

（4）销售货物的同时代办保险等而向购买方收取的保险费，以及向购买方收取的代购买方缴纳的车辆购置税、车辆牌照费。

2. 特殊销售方式下的销售额

（1）采取折扣方式销售

折扣销售（商业折扣）：销售额和折扣额在同一张发票（金额栏）上分别注明的，可按折扣后的余额作为销售额计算销项税，仅仅在发票的"备注栏"注明折扣额的"折扣额"不得从销售额中减除；如果将折扣额另开发票，不论其在财务上如何处理，均不得从销售额中减除折扣额。

【例题2-1】解答题

某商场是增值税一般纳税人，2020年5月向消费者个人销售家具100件，每件单价（含税）1 000元。商场为促销给了消费者5%的折扣，实际单价（含税）950元。则该商场当月的增值税销售额是多少？

折扣销售对此要看该商场发票是怎么开的：

①如果销售额和折扣额在同一张发票上分别注明的，可按折扣后的余额作为销售额计算增值税，即销售额 =1 000×100×（1−5%）÷（1+13%）或 950×100÷（1+13%）= 84 070.80（元）。

②如果折扣额另开发票，不论其在财务上如何处理，均不得从销售额中减除折扣

额，即销售额 =1 000×100÷（1 + 13%）= 88 495.58（元）。

（2）采取以旧换新方式销售

以旧换新是指纳税人在销售货物时，有偿向购买方回收旧货物的行为。即消费者在购买新商品时，如果能把同类旧商品交给商店，就能折扣一定的价款，旧商品起着折价券的作用；如果消费者不能提交旧商品，新商品就只能以原价售出。

【例题 2-2】 分录题

2020 年 7 月，某商场对某品牌彩电采取以旧换新的方式销售，旧货折价每台 800.00 元，新彩电售价 3 390.00 元（含税），当月采用此方法销售彩电 200 台。该商场的会计处理为

借：库存现金　　　　　　　　　　　　　　　　　518 000
　　库存商品　　　　　　　　　　　　　　　　　160 000
　贷：主营业务收入　　　　　　　　　　　　　　600 000
　　　应交税费——增值税（销项税额）　　　　　　78 000

（3）采取还本销售方式销售

还本销售是指纳税人在销售货物后，到一定期限由销售方一次或分次退还给购货方全部或部分价款。这种方式实际上是一种筹资行为，是以货物换取资金的使用价值，到期还本不付息的方法。税法规定，采取还本销售方式销售货物，其销售额就是货物的销售价格，不得从销售额中减除还本支出。

（4）采取以物易物方式销售

以物易物是一种较为特殊的购销活动，是指购销双方不是以货币结算，而是以同等价款的货物相互结算，实现货物购销的一种方式。在实务中，有的纳税人以为以物易物不是购销行为，销货方收到购货方顶抵货款的货物，认为自己不是购货；购货方发出顶抵货款的货物，认为自己不是销货。这两种认识都是错误的。正确的处理方法是，以物易物双方都应作购销处理，以各自发出的货物核算销售额并计算销项税额，以各自收到的货物按规定核算购货额并计算进项税额。应注意，在以物易物活动中，应分别开具合法的票据，如收到货物不能取得相应的增值税专用发票或其他合法票据的，不能抵扣进项税额。

（5）包装物押金的税务处理

包装物是指纳税人包装本单位货物的各种物品。纳税人销售货物时另收取包装物押金，目的是促使购货方及早退回包装物以便周转使用。对包装物的押金是否计入货物销售额征收增值税呢？

根据税法规定，纳税人为销售货物而出租出借包装物收取的押金，单独记账核算的，时间在 1 年以内，又未过期的，不并入销售额征税，但对因逾期未收回包装物不

再退还的押金，应按所包装货物的适用税率计算销项税额。

上述规定中，"逾期"是指按合同约定实际逾期或以1年为期限，对收取1年以上的押金，无论是否退还均并入销售额征税。当然，在将包装物押金并入销售额征税时，需要先将该押金换算为不含税价，再并入销售额征税。纳税人为销售货物出租出借包装物而收取的押金，无论包装物周转使用期限长短，超过1年（含1年）以上仍不退还的均并入销售额征税。

（6）销售使用过的固定资产的税务处理

自从2009年1月1日起，增值税一般纳税人销售自己使用过的固定资产，应区分不同情形征收增值税，见表2-1。

表2-1　不同销售情形的税务处理

销售情形	税务处理	计税公式
2008年12月31日以前购进或者自制的固定资产（未抵扣进项税额）	按简易办法：依3%征收率减按2%征收增值税	增值税=售价÷（1+3%）×2%
销售自己使用过的2009年以后购进或者自制的固定资产	按正常销售货物适用税率征收增值税【提示】该固定资产的进项税额在购进当期已抵扣	增值税=售价÷（1+13%）×13%
销售自己使用过的除固定资产以外的物品		
发生固定资产视同销售行为	无法确定销售额的，以固定资产净值为销售额	增值税=净值×13%
营改增纳税人	销售已使用的未抵扣进项税的固定资产	依3%减按2%征收
	销售已使用的已抵扣进项税的固定资产	按适用税率征收

（7）视同销售货物行为

税法规定的单位和个体经营者的视同销售货物行为，如将货物交付他人代销，将自产、委托加工或购买的货物无偿赠送他人等。视同销售行为中某些行为由于不是以资金的形式反映出来，会出现无销售额的现象。因此，税法规定，对视同销售征税而无销售额的按下列顺序确定其销售额：

1）按纳税人最近时期同类货物的平均销售价格确定。

2）按其他纳税人最近时期同类货物的平均销售价格确定。

3）按组成计税价格确定。组成计税价格的公式为

$$组成计税价格 = 成本 \times (1 + 成本利润率)$$

4）征收增值税的货物，同时又征收消费税的，其组成计税价格中应加计消费税税

额。其组成计税价格公式为

$$组成计税价格 = 成本 \times （1+ 成本利润率）+ 消费税税额$$

或

$$组成计税价格 = 成本 \times （1+ 成本利润率）\div （1- 消费税税率）$$

公式中的成本,是指销售自产货物的为实际生产成本,销售外购货物的为实际采购成本。公式中的成本利润率由国家税务总局确定。

"营改增"也规定:纳税人提供应税服务的价格明显偏低或者偏高且不具有合理商业目的,或者发生视同提供应税服务而无销售额的,主管税务机关有权按照下列顺序确定销售额:

1）按照纳税人最近时期提供同类应税服务的评价价格确定。

2）按照其他纳税人最近时期提供同类应税服务的评价价格确定。

3）按照组成计税价格确定。组成计税价格的公式为

$$组成计税价格 = 成本 \times （1+ 成本利润率）$$

（8）含税销售额的换算

为了符合增值税作为价外税的要求,纳税人在填写进销货及纳税凭证、进行账务处理时,应分项记录不含税销售额、销项税额和进项税额,以正确计算应纳增值税额。然而,在实际工作中,常常会出现一般纳税人将销售货物或者应税劳务采用销售额和销项税额合并定价收取的方法,这样,就会形成含税销售额。在计算应纳税额时,如果不将含税销售额换算为不含税销售额,就会导致增值税计税环节出现重复纳税的现象,甚至出现物价非正常上涨的局面。因此,一般纳税人销售货物或者应税劳务取得的含税销售额在计算销项税额时,必须将其换算为不含税的销售额。

将含税销售额换算为不含税销售额的计算公式为

$$不含税销售额 = 含税销售额 \div （1+ 税率）$$

公式中的税率为销售的货物或者应税劳务按《增值税暂行条例》规定所适用的税率。

（二）进项税额的计算

进项税额是指纳税人购进货物、加工修理修配劳务、服务、无形资产或者不动产,支付或者负担的增值税额。进项税额是与销项税额相对应的另一个概念。进项税额是专用发票上注明的,专用发票上注明的税额正确与否,将会直接影响着纳税人缴纳的增值税。因此,加强增值税专用发票的管理,不但能确保当期进项税额的准确性,而且也是防止增值税流失的重要措施。

1. 准予从销项税额中抵扣的进项税额

（1）从销售方取得的增值税专用发票（含税控机动车销售统一发票，下同）上注明的增值税额。

（2）从海关取得的海关进口增值税专用缴款书上注明的增值税额。

（3）购进农产品，取得一般纳税人开具的增值税专用发票或者海关进口增值税专用缴款书的，以增值税专用发票或海关进口增值税专用缴款书上注明的增值税额为进项税额；从按照简易计税方法依照3%征收率计算缴纳增值税的小规模纳税人取得增值税专用发票的，以增值税专用发票上注明的金额和9%的扣除率计算进项税额；取得（开具）农产品销售发票或收购发票的，以农产品收购发票或销售发票上注明的农产品买价和9%的扣除率计算进项税额；纳税人购进用于生产或者委托加工13%税率货物的农产品，按照10%的扣除率计算进项税额。进项税额计算公式为：

$$进项税额 = 买价 \times 扣除率$$

购进农产品，按照《农产品增值税进项税额核定扣除试点实施办法》抵扣进项税额的除外。

（4）纳税人购进国内旅客运输服务未取得增值税专用发票的，暂按照以下规定确定进项税额：

①取得增值税电子普通发票的，为发票上注明的税额。

②取得注明旅客身份信息的航空运输电子客票行程单的，按照下列公式计算进项税额：

$$航空旅客运输进项税额 = （票价 + 燃油附加费） \div （1+9\%） \times 9\%$$

③取得注明旅客身份信息的铁路车票的，按照下列公式计算进项税额：

$$铁路旅客运输进项税额 = 票面金额 \div （1+9\%） \times 9\%$$

④取得注明旅客身份信息的公路、水路等其他客票的，按照下列公式计算进项税额：

$$公路、水路等其他旅客运输进项税额 = （票价 + 燃油附加费） \div （1+3\%） \times 3\%$$

（5）自境外单位或者个人购进劳务、服务、无形资产或者境内的不动产，从税务机关或者扣缴义务人取得的代扣代缴的完税凭证上注明的增值税额。

（6）原增值税一般纳税人购进货物或者接受劳务，用于《销售服务、无形资产或者不动产注释》所列项目的，不属于《增值税暂行条例》第十条规定不得抵扣进项税额的项目，其进项税额准予从销项税额中抵扣。

（7）原增值税一般纳税人购进服务、无形资产或者不动产，取得的增值税专用发票上注明的增值税额为进项税额，准予从销项税额中抵扣。

（8）原增值税一般纳税人自用的应征消费税的摩托车、汽车、游艇，其进项税额准予从销项税额中抵扣。

纳税人购进货物、劳务、服务、无形资产、不动产，取得的增值税扣税凭证不符合法律、行政法规或者国务院税务主管部门有关规定的，其进项税额不得从销项税额中抵扣。

增值税扣税凭证，是指增值税专用发票、海关进口增值税专用缴款书、农产品收购发票、农产品销售发票、完税凭证和符合规定的国内旅客运输发票。

纳税人凭完税凭证抵扣进项税额的，应当具备书面合同、付款证明和境外单位的对账单或者发票。资料不全的，其进项税额不得从销项税额中抵扣。

2. 不得从销项税额中抵扣的进项税额

（1）用于简易计税方法计税项目、免征增值税项目、集体福利或者个人消费的购进货物、劳务、服务、无形资产和不动产。其中涉及的固定资产、无形资产、不动产，仅指专用于上述项目的固定资产、无形资产（不包括其他权益性无形资产）、不动产。

如果是既用于上述不允许抵扣项目又用于抵扣项目的，其进项税额准予全部抵扣。自 2018 年 1 月 1 日起，纳税人租入固定资产、不动产，既用于一般计税方法计税项目，又用于简易计税方法计税项目、免征增值税项目、集体福利或者个人消费的，其进项税额准予从销项税额中全额抵扣。

纳税人的交际应酬消费属于个人消费。

（2）非正常损失的购进货物，以及相关的劳务和交通运输服务。

（3）非正常损失的在产品、产成品所耗用的购进货物（不包括固定资产）、劳务和交通运输服务。

（4）非正常损失的不动产以及该不动产所耗用的购进货物、设计服务和建筑服务。

（5）非正常损失的不动产在建工程所耗用的购进货物、设计服务和建筑服务。纳税人新建、改建、扩建、修缮、装饰不动产，均属于不动产在建工程。

（6）购进的贷款服务、餐饮服务、居民日常服务和娱乐服务。

（7）纳税人接受贷款服务而向贷款方支付的与该笔贷款直接相关的投融资顾问费、手续费、咨询费等费用，其进项税额不得从销项税额中抵扣。

（8）财政部和国家税务总局规定的其他情形。

上述第（4）项、第（5）项所称货物，是指构成不动产实体的材料和设备，包括建筑装饰材料和给排水、采暖、卫生、通风、通讯、煤气、消防、中央空调、电梯、电气、智能化楼宇设备及配套设施。

不动产、无形资产的具体范围，按照《销售服务、无形资产或者不动产注释》执行。

固定资产是指使用期限超过 12 个月的机器、机械、运输工具以及其他与生产经营有关的设备、工具、器具等有形动产。

非正常损失是指因管理不善造成货物被盗、丢失、霉烂变质,以及因违反法律法规造成货物或者不动产被依法没收、销毁、拆除的情形。

(三)应纳增值税税额的计算

按照上述方法计算出当期销项税额和当期进项税额以后,将当期销项税额减去当期进项税额所得到的余额,即为本期应纳增值税税额。

为了正确计算本期应纳增值税税额,应进一步明确如下问题:

(1)计算应纳税额时进项税额不足抵扣的处理。由于增值税实行购进扣税法,有时企业当期购进的货物很多,在计算进项税额时会出现当期销项税额小于当期进项税额不足抵扣的情况。根据税法规定,当期进项税额不足抵扣的部分可以结转下期继续抵扣。

(2)扣减发生期进项税额的规定。由于增值税实行以当期销项税额抵扣当期进项税额的"购进扣税法",当期购进的货物或应税劳务如果事先并未确定将用于非生产、经营项目,其进项税额会在当期销项税额中抵扣。但已抵扣进项税额的购进货物或应税劳务如果事后改变用途,用于非应税项目、用于免税项目、用于计提福利或者个人消费、购进货物发生正常损失、在产品或产成品发生非正常损失,将如何处理?根据税法规定,应将该项购进货物或应税劳务的进项税额从当期发生的进项税额中扣减,无法准确地确定该项进项税额的,按当期实际成本计算应扣减的进项税额。

(3)销售退回或折让处理。纳税人在货物购销活动中,因货物质量、规格等原因常会发生销货退回或销售折让的情况。由于销售退回或折让不仅涉及销货价款或折让价款的退回,还涉及增值税的退回,这样,销货方和购货方应相应对当期的销项税额或进项税额进行调整。税法规定,一般纳税人因销货退回或折让而退还给购买方的增值税额,应从发生销货退回或折让当期的销项税额中扣减。

【例题 2-3】 综合题

某生产企业为增值税一般纳税人,适用增值税税率13%,2020年5月有关生产经营业务如下:

①销售甲产品给某大商场,开具增值税专用发票,取得不含税销售额80万元;另外,开具普通发票,取得销售甲产品的送货运输费收入5.85万元。

②销售乙产品,开具普通发票,取得含税销售额29.25万元。

③将试制的一批应税新产品用于本企业基建工程,成本价为20万元,国家税务总局规定成本利润率为10%,该产品无同类产品市场销售价格。

④销售2014年10月购进作为固定资产使用过的进口摩托车5辆,开具增值税专用发票,上面注明每辆取得销售额1万元。

⑤购进货物取得增值税专用发票,注明支付的货款 60 万元,进项税额 7.8 万元,货物验收入库;另外,支付购货的运输费用不含税 6 万元,取得运输公司开具的增值税专用发票。

⑥向农业生产者购进免税农产品一批,支付收购价 30 万元,支付给运输单位的运费 5 万元,取得运输部门开具的增值税专用发票,农产品验收入库。本月下旬将购进的农产品的 20% 用于本企业职工福利。

计算该企业 2020 年 5 月应缴纳的增值税税额。

①销售甲产品的销项税额:

80 × 13% +5.85 ÷ (1+13%) × 13% = 11.07(万元)

②销售乙产品的销项税额:

29.25 ÷ (1+13%) × 13% = 3.37(万元)

③自用新产品的销项税额:

20 × (1+10%) × 13% = 2.86(万元)

④销售使用过的摩托车应纳税额:

1 × 5 × 13%=0.65(万元)

⑤外购货物应抵扣的进项税额:7.8+6×9%=8.34(万元)

⑥外购免税农产品应抵扣的进项税额:

(30 × 9% +5 × 9%) × (1−20%) = 2.52(万元)

⑦该企业 5 月份应缴纳的增值税额:

11.07+3.37+2.86+0.65−8.34−2.52=7.09(万元)

二、小规模纳税人应纳税额的计算

小规模纳税人销售货物、应税劳务或应税服务应按销售额依照 3% 的征收率计算应纳税额,不得扣进项税额。应纳税额的计算公式为

应纳税额 = 销售额 × 征收率

简易计税方法的销售额不包括其应纳的增值税额,纳税人采用销售额和应纳增值税税额合并定价方法的,按照下列公式计算销售额:

销售额 = 含税销售额 ÷ (1+ 征收率)

纳税人提供的适用简易计税方法计税的应税服务,因服务中止或者折让而退还给接受方的销售额,应当从当期销售额中扣减。扣减当期销售额后仍有余额造成多缴的税款,可以从以后的应纳税额中扣减。

【例题 2-4】 计算题

某商店为增值税小规模纳税人，2020年1月取得零售收入总额12.36万元，计算该商店1月份应缴纳的增值税税额。

① 1月取得的不含税销售额 =12.36÷（1+3%）=12（万元）

② 1月份应缴纳增值税税额 =12×3%=0.36（万元）

【任务实施】

（1）完成初级税务专员基础与认知（CMAC三级）配套章节练习。

（2）完成初级税务专员基础与认知（CMAC三级）平台任务（参考CMAC试题操作指南）。

任务六 了解增值税的征收管理

【任务描述】

（1）掌握增值税纳税义务发生的时间；

（2）掌握增值税纳税期限；

（3）了解增值税纳税地点。

【知识储备】

一、纳税义务发生的时间

《增值税暂行条例》和"营改增"相关法规、政策明确规定了增值税纳税义务的发生时间。纳税义务发生时间是纳税人发生应税行为应当承担纳税义务的起始时间。税法明确规定纳税义务发生时间的作用在于：

（1）正式确认纳税人已经发生属于税法规定的应税行为，应承担纳税义务。

（2）有利于税务机关实施税务管理，合理规定申报期限和纳税期限。监督纳税人切实履行纳税义务。

（一）销售货物或者提供应税劳务的纳税义务发生时间

（1）纳税人销售货物或者提供应税劳务，其纳税义务发生时间为收讫销售款项或者取得索取销售款项凭据的当天；先开具发票的，为开具发票的当天。其中，收讫销售款项或者取得索取销售款项凭据的当天按销售结算方式的不同，具体为：

1）采取直接收款方式销售货物，不论货物是否发出，均为收到销售款或者取得索取销售款凭据的当天。

纳税人生产经营活动中采取直接收款方式销售货物，已将货物移送对方并暂估销售收入入账，但既未取得销售款或取得索取销售款凭据也未开具销售发票的，其增值税纳税义务发生时间为取得销售款或取得索取销售款凭据的当天；先开具发票的，为开具发票的当天。

2）采取托收承付和委托银行收款方式销售货物，为发出货物并办妥托收手续的当天。

3）采取赊销和分期收款方式销售货物，为书面合同约定的收款日期的当天，无书面合同的或者书面合同没有约定收款日期的，为货物发出的当天。

4）采取预收货款方式销售货物，为货物发出的当天，但生产销售生产工期超过12个月的大型机械设备、船舶、飞机等货物，为收到预收款或者书面合同约定的收款日期的当天。

5）委托其他纳税人代销货物，为收到代销单位的代销清单或者收到全部或者部分货款的当天。未收到代销清单及货款的，为发出代销货物满180天的当天。

6）销售应税劳务，为提供劳务同时收讫销售款或者取得索取销售款的凭据的当天。

7）纳税人发生除将货物交付其他单位或者个人代销和销售代销货物以外的视同销售货物行为，为货物移送的当天。

（2）纳税人进口货物，其纳税义务发生时间为报关进口的当天。

（二）提供应税服务的纳税义务发生时间

（1）纳税人提供应税服务的纳税义务发生时间为提供应税服务并收讫销售款项或者取得索取销售款项凭据的当天；先开具发票的，为开具发票的当天。

其中，收讫销售款项是指纳税人提供应税服务过程中或者完成后收到款项；取得索取销售款项凭据的当天，是指书面合同确定的付款日期；未确定书面合同或者书面合同未确定付款日期的，为应税服务完成的当天。

（2）纳税人提供有形不动产租赁服务采取预收款方式的，其纳税义务发生时间为收到预收款的当天。

（3）纳税人发生视同提供应税服务的，其纳税义务发生时间为应税服务完成的当天。

（4）增值税扣缴义务发生时间为纳税人增值税纳税义务发生的当天。

上述销售货物或应税劳务及应税服务纳税义务发生时间的确定，明确了企业在计算应纳税额时，对"当期销项税额"时间的限定，是增值税计税和征收管理中重要的规定。目前，一些企业没有按上述规定的纳税义务发生时间将实现的销售收入及时入账并计算纳税，而是采取延迟入账或不计入销售收入等做法，以拖延纳税或逃避纳税，这些做法都是错误的。企业必须按上述规定的时限及时、准确地记录销售额和计算当期销项税额。

二、纳税期限

在明确了增值税纳税义务发生时间后，还需要掌握具体纳税期限，以保证按期缴纳税款。根据《增值税暂行条例》的规定，增值税的纳税期限分别为1日、3日、5日、10日、15日、1个月或者1个季度。

纳税人的具体纳税期限，由主管税务机关根据纳税人应纳税额的大小分别核定；不能按照固定期限纳税的，可以按次纳税。以一个季度为纳税期限的规定仅适用于小规模纳税人以及财政部和国家税务总局规定的其他纳税人。小规模纳税人的具体纳税期限，由主管税务机关根据其应纳税额的大小分别核定。

纳税人以1个月或者1个季度为1个纳税期的，自期满之日起15日内申报纳税；以1日、3日、5日、10日或者15日为1个纳税期的，自期满之日起5日内预缴税款，于次月1日起15日内申报纳税并结清上月应纳税款。

三、纳税地点

为了保证纳税人按期申报纳税，根据企业跨地区经营和搞活商品流通的特点及不同情况，税法还具体规定了增值税的纳税地点：

（1）固定业户应当向其机构所在地的主管税务机关申报纳税。总机构和分支机构不在同一县（市）的，应当分别向各自所在地的主管税务机关申报纳税；但在同一省（区、市）范围内的。经省（区、市）财政厅（局）、国家税务局审批同意，可以由总机构汇总向总机构所在地的主管税务机关申报缴纳增值税。

（2）固定业户到外县（市）销售货物或者应税劳务，应当向其机构所在地的主管税务机关申请开具外出经营活动税收管理证明，并向其机构所在地的主管税务机关申报纳税；未开具证明的，应当向销售地或者劳务发生地的主管税务机关申报纳税；未向销售地或者劳务发生地的主管税务机关申报纳税的，由其机构所在地的主管税务机关补征税款。

（3）非固定业户销售货物或者应税劳务，应当向销售地或者劳务发生地的主管税务机关申报纳税；未向销售地或者劳务发生地的主管税务机关申报纳税的，由其机构所在地或者居住地的主管税务机关补征税款。

（4）进口货物，应当向报关地海关申报纳税。

（5）扣缴义务人应当向其机构所在地或者居住地的主管税务机关申报缴纳其扣缴的税款。

【任务实施】

（1）完成初级税务专员基础与认知（CMAC三级）配套章节练习。

（2）完成初级税务专员基础与认知（CMAC三级）平台任务（参考CMAC试题操作指南）。

（3）练习《V3.7增值税一般纳税人网上申报教学版案例01》，平台软件使用税务软件平台进行练习，打印实训报告，要求如下：

1）进行系统评分后打印实训报告封面。

2）打印《V3.7增值税一般纳税人网上申报教学版案例01》申报主表及其附表。

【知识扩展】

增值税的发展

20世纪20年代，美国学者亚当斯（T. S. Adams）最早提出了增值税的概念，但增值税模式的实行过程中遇到了许多困难。肖普教授（C. S. Shoup）对推动增值税的实施做出过重大贡献，在20世纪90年代，他仍在进行有关增值税的研究，以税抵税的发票模式却是洛雷（Maurice Laure）的创造，洛雷也承认在此之前有许多增值税的思想家，承认肖普教授的作用，而他能做的就是默默地耕耘，并在关键时刻使增值税的思想发光。法国人对发明增值税有一种特别的自豪感，不过，对增值税的创始人，何为增值税的争论仍然继续着。

1948年，法国开始由生产型增值税向消费型增值税过渡，6年后完成了增值税转型，其后欧盟其他成员企业也在较短时间内纷纷建立了消费型增值税。

　　而美国的税制是以直接税为主体的，其会计准则自然对所得税情有独钟，但对增值税几乎没有感觉。尽管增值税风靡全球，但这个头号经济大国却一直在观望，还在揣度增值税会给经济带来怎样的冲击效应。

项目三

消 费 税

任务一 了解消费税

【任务描述】
(1) 了解消费税的概念和特点;
(2) 掌握消费税纳税义务人;
(3) 掌握消费税征税范围。

【知识储备】

一、消费税的概念和特点

(一) 消费税的概念

根据《中华人民共和国消费税暂行条例》(以下简称《消费税暂行条例》)的规定,消费税是对我国境内从事生产、委托加工和进口应税消费品的单位和个人,就其销售额或销售数量,在特定环节征收的一种税。简单地说,消费税就是对特定的消费品和消费行为征收的一种税。

消费税是世界各国广泛实行的税种。根据荷兰克劳森教授搜集的129个国家和地区的资料，没有开征消费税的不到10个。消费税在开征国和地区税收收入总额中占有相当比重，特别是发展中国家，大多以商品课税为主体，而消费税又是其中的一个主要税种，地位尤其重要。19世纪以来，由于以所得税为主体的直接税制的发展，消费税占各国税收收入的比重有所下降，但因其具有独特的调节作用，仍然受到各国的普遍重视。目前，美国、英国、日本、法国等国家均对特定的消费品或消费行为征收消费税。

（二）消费税的特点

一般来说，消费税的征税对象主要是与居民消费税相关的最终消费品和消费行为。与其他税种比较，消费税具有以下几个特点：

（1）征收范围具有选择性。我国消费税在征收范围上根据产业政策与消费政策仅选择部分消费品征税，而不是对所有消费品都征收消费税。

（2）征税环节具有单一性。消费税原则是在生产（进口）、流通或消费的某一环节一次征收（卷烟和高档汽车除外），而不是在消费品生产、流通或消费的每个环节多次征收，即通常所说的一次课征制。

（3）平均税率水平比较高且税负差异大。消费税的平均税率水平一般定得比较高，并且不同征税项目的税负差异较大，对需要限制或控制消费的消费品，通常税负较重。

（4）征收方法具有灵活性。既采用对消费品制定单位税额，以消费品的数量实行从量定额的征收方法，也采用对消费品制定比例税率，以消费品的价格实行从价定率的征收方法。

二、消费税纳税义务人

在中华人民共和国境内生产、委托加工和进口消费税暂行条例规定的消费品的单位和个人，以及国务院确定的销售《消费税暂行条例》规定的消费品的其他单位和个人，为消费税的纳税人，应当依照《消费税暂行条例》缴纳消费税。

单位是指企业、行政单位、事业单位、军事单位、社会团体及其他单位。

个人是指个体工商户及其他个人。

在中华人民共和国境内是指生产、委托加工和进口属于应当缴纳消费税的消费品的起运地或者所在地在境内。

三、征税范围

（一）生产应税消费品

生产应税消费品销售是消费税征收的主要环节，因为一般情况下，消费税具有单一环节征税的特点。对于大多数消费税应税商品而言，在生产销售环节征税以后，流通环节不用再缴纳消费税。纳税人生产应税消费品，除了直接对外销售应征收消费税外，如将生产的应税消费品换取生产资料、消费资料、投资入股、偿还债务，以及用于继续生产应税消费品以外的其他方面都应缴纳消费税。

另外，工业企业以外的单位和个人的下列行为视为应税消费品的生产行为，按规定征收消费税：

（1）将外购的消费税非应税产品以消费税应税产品对外销售的。

（2）将外购的消费税低税率应税产品以高税率应税产品对外销售的。

（二）委托加工应税消费品

委托加工应税消费品是指委托方提供原料和主要材料，受托方只收取加工费和代垫部分辅助材料加工的应税消费品。由受托方提供原材料或其他情形的一律不能视同加工应税消费品。委托加工的应税消费品收回后，再继续用于生产应税消费品销售且符合现行政策规定的，其加工环节缴纳的消费税款可以扣除。

（三）进口应税消费品

单位和个人进口属于消费税征税范围的货物，在进口环节要缴纳消费税。为了减少征税成本，进口环节缴纳的消费税由海关代征。

（四）零售应税消费品

纳税人零售的金银首饰（含以旧换新），于销售时纳税；用于馈赠、赞助、集资、广告、样品、职工福利、奖励等方面的金银首饰，于移送时纳税；带料加工、翻新改制的金银首饰，于受托方交货时纳税。

【任务实施】

（1）完成初级税务专员基础与认知（CMAC三级）配套章节练习。

（2）完成初级税务专员基础与认知（CMAC三级）平台任务（参考CMAC试题操作指南）。

任务二　掌握消费税的税目与税率

【任务描述】
（1）掌握消费税的税目；
（2）了解消费税的税率。

【知识储备】

一、消费税的税目

我国消费税有15个税目：烟、酒、高档化妆品、贵重首饰及珠宝玉石、鞭炮和焰火、成品油、摩托车、小汽车、高尔夫球及球具、高档手表、游艇、木制一次性筷子、实木地板、电池、涂料，有的税目还进一步划分为若干子目。

二、消费税的税率

消费税的税率有两种形式：一种是比例税率，另一种是定额税率，即单位税额。消费税税率形式的选择主要是根据课税对象情况来确定，对一些供求基本平衡、价格差异不大、计量单位规范的消费品，选择计税简单的定额税率，如黄酒、啤酒、成品油等；对一些供求矛盾突出、价格差异较大、计量单位不规范的消费品，选择税价联动的比例税率，如烟、白酒、高档化妆品、鞭炮、焰火、贵重首饰及珠宝玉石、摩托车、小汽车等。

一般情况下，对一种消费品只选择一种税率形式，但为了更好地保全消费税税基，对一些应税消费品如卷烟、白酒，则采用了定额税率和比例税率双重征收形式。消费税税目税率表见表3–1。

表 3-1 消费税税目税率表

税目	税率
一、烟	
1. 卷烟	
（1）甲类卷烟（调拨价 70 元（不含增值税）/ 条以上（含 70 元））	56% 加 0.003 元 / 支
（2）乙类卷烟（调拨价 70 元（不含增值税）/ 条以下）	36% 加 0.003 元 / 支
（3）商业批发	11%+0.005 元 / 支
2. 雪茄烟	36%
3. 烟丝	30%
二、酒	
1. 白酒	20% 加 0.5 元 /500 克（或者 500 毫升）
2. 黄酒	240 元 / 吨
3. 啤酒	
（1）甲类啤酒	250 元 / 吨
（2）乙类啤酒	220 元 / 吨
4. 其他酒	10%
三、高档化妆品	15%
四、贵重首饰及珠宝玉石	
1. 金银首饰、铂金首饰和钻石及钻石饰品	5%
2. 其他贵重首饰和珠宝玉石	10%
五、鞭炮、焰火	15%
六、成品油	
1. 汽油	
（1）含铅汽油	1.52 元 / 升
（2）无铅汽油	1.52 元 / 升
2. 柴油	1.20 元 / 升
3. 航空煤油	1.20 元 / 升
4. 石脑油	1.52 元 / 升
5. 溶剂油	1.52 元 / 升
6. 润滑油	1.52 元 / 升

（续）

税目	税率
7.燃料油	1.20元/升
七、摩托车	
1.气缸容量（排气量，下同）在250毫升	3%
2.气缸容量在250毫升以上的	10%
八、小汽车	
1.乘用车	
（1）气缸容量（排气量，下同）在1.0升（含1.0升）以下的	1%
（2）气缸容量在1.0升以上至1.5升（含1.5升）的	3%
（3）气缸容量在1.5升以上至2.0升（含2.0升）的	5%
（4）气缸容量在2.0升以上至2.5升（含2.5升）的	9%
（5）气缸容量在2.5升以上至3.0升（含3.0升）的	12%
（6）气缸容量在3.0升以上至4.0升（含4.0升）的	25%
（7）气缸容量在4.0升以上的	40%
2.中轻型商用客车	5%
3.超豪华小汽车	10%（零售环节）
九、高尔夫球及球具	10%
十、高档手表	20%
十一、游艇	10%
十二、木制一次性筷子	5%
十三、实木地板	5%
十四、电池	4%
十五、涂料	4%

【任务实施】

（1）完成初级税务专员基础与认知（CMAC三级）配套章节练习。

（2）完成初级税务专员基础与认知（CMAC三级）平台任务（参考CMAC试题操作指南）。

任务三 掌握消费税的计税依据

【任务描述】
（1）掌握消费税的计算；
（2）了解消费税计税依据的特殊规定。

【知识储备】
按照现行消费税法的基本规定，消费税应纳税额的计算主要分为从价计征、从量计征和从价从量复合计征三种方法。

一、从价计征

（一）销售额的确定

销售额为纳税人销售应税消费品向购买方收取的全部价款和价外费用。销售是指有偿转让应税消费品的所有权；有偿是指从购买方取得货币、货物或者其他经济利益；价外费用是指价外向购买方收取的手续费、补贴、基金、集资费、返还利润、奖励费、违约金、滞纳金、延期付款利息、赔偿金、代收款项、代垫款项、包装费、包装物租金、储备费、优质费、运输装卸费以及其他各种性质的价外收费。但下列项目不包括在内：

（1）同时符合以下条件的代垫运输费用。
1）承运部门的运输费用发票开具给购买方的。
2）纳税人将该项发票转交给购买方的。
（2）同时符合以下条件代为收取的政府性基金或者行政事业性收费。
1）由国务院或者财政部批准设立的政府性基金，由国务院或者省级人民政府及其财政、价格主管部门批准设立的行政事业性收费。
2）收取时开具省级以上财政部门印制的财政票据。
3）所收款项全额上缴财政。

其他价外费用，无论是否属于纳税人的收入，均应并入销售额计算征税。

实行从价定率办法计算应纳税额的应税消费品连同包装销售的,无论包装是否单独计价,也不论在会计上如何核算,均应并入应税消费品的销售额中征收消费税。如果包装物不作价随同产品销售,而是收取押金。此项押金则不应并入应税消费品的销售额中征税。但对因逾期未收回的包装物不再退还的或者已收取的时间超过12个月的押金,应并入应税消费品的销售额,按照应税消费品的适用税率缴纳消费税。

对既作价随同应税消费品销售,又另外收取押金的包装物的押金,凡纳税人在规定的期限内没有退还的,均应并入应税消费品的销售额,按照应税消费品的适用税率缴纳消费税。

纳税人销售的应税消费品,以外汇结算销售额的,其销售额的人民币折合率可以选择结算的当天或者当月1日的国家外汇牌价(原则上为中间价)。纳税人应在事先确定采取何种折合率,确定后1年内不得变更。

(二)含增值税销售额的换算

应税消费品在缴纳消费税的同时,与一般货物一样,还应缴纳增值税。按照《消费税暂行条例实施细则》的规定,应税消费品的销售额,不包括应向购货方收取的增值税税款。

如果纳税人应税消费品的销售额中未扣除增值税税款或者因不得开具增值税专用发票而发生价款和增值税税款合并收取的,在计算消费税时,应将含增值税的销售额换算为不含增值税税款的销售额。其换算公式为

应税消费品的销售额 = 含增值税的销售额 ÷ (1+ 增值税税率或征收率)

在使用换算公式时,应根据纳税人的具体情况分别使用增值税税率或征收率。如果消费税的纳税人同时又是增值税一般纳税人的,应适用13%的增值税税率;如果消费税的纳税人是增值税小规模纳税人的,应适用3%的征收率。

二、从量计征

在从量定额计算方法下,应纳税额等于应税消费品的销售数量乘以单位税额,应纳税额的多少取决于应税消费品的销售数量和单位税额两个因素。

(一)销售数量的确定

销售数量是指纳税人生产、加工和进口应税消费品的数量。具体规定为:
(1)销售应税消费品的,为应税消费品的销售数量。
(2)自产自用应税消费品的,为应税消费品的移送使用数量。

（3）委托加工应税消费品的，为纳税人收回的应税消费品数量。

（4）进口的应税消费品，为海关核定的应税消费品进口征税数量。

三、从价从量复合计征

现行消费税的征税范围中，只有卷烟、白酒采用复合计征方法。应纳税额等于应税销售数量乘以定额税率再加上应税销售额乘以比例税率。

生产销售卷烟、白酒从量定额计税依据为实际销售数量。进口、委托加工、自产自用卷烟、白酒从量定额计税依据分别为海关核定的进口征税数量、委托方收回数量、移送使用数量。

四、计税依据的特殊规定

（1）纳税人通过自设非独立核算门市部销售的自产应税消费品，应当按照门市部对外销售额或者销售数量征收消费税。

（2）纳税人用于换取生产资料和消费资料，投资入股和抵偿债务等方面的应税消费品，应当以纳税人同类应税消费品的最高销售价格作为计税依据计算消费税。

（3）酒类关联企业间关联交易消费税问题处理。

白酒生产企业向商业销售单位收取的"品牌使用费"是随着应税白酒的销售而向购货方收取的，属于应税白酒销售价款的组成部分，因此，不论企业采取何种方式或以何种名义收取价款，均应并入白酒的销售额中缴纳消费税。

（4）兼营不同税率应税消费品的税务处理。

纳税人生产销售应税消费品，如果不是单一经营某一税率的产品，而是经营多种不同税率的产品。这就是兼营行为。由于《消费税暂行条例》税目税率表列举的各种应税消费品的税率高低不同，因此，纳税人在兼营不同税率应税消费品时，税法就要针对其不同的核算方式分别规定税务处理办法，以加强税收管理，避免因核算方式不同而出现税款流失的现象。

纳税人兼营不同税率的应税消费品，应当分别核算不同税率应税消费品的销售额、销售数量。未分别核算销售额、销售数量，或者将不同税率的应税消费品组成成套消费品销售的，从高适用税率。

需要解释的是，纳税人兼营不同税率的应税消费品，是指纳税人生产销售两种税率以上的应税消费品。所谓"从高适用税率"，就是对兼营高低不同税率的应税消费品，当不能分别核算销售额、销售数量，或者将不同税率的应税消费品组成成套消费品销售的，就以应税消费品中适用的高税率与混合在一起的销售额、销售数量相乘，得出应纳消费税额。

例如，某酒厂既生产税率为 20% 的粮食白酒，又生产税率为 10% 的其他酒，如汽酒、药酒等。对于这种情况，税法规定该厂应分别核算白酒与其他酒的销售额，然后按各自适用的税率计税；如不分别核算各自的销售额，其他酒也按白酒的税率计算纳税。如果该酒厂还生产白酒与其他酒小瓶装礼品套酒。就是税法所指的成套消费品，应以全部销售额按白酒的税率 20% 计算应纳消费税额，而不能以其他酒 10% 的税率计算其中任何一部分的应纳税额了。对未分别核算的销售额按高税率计税，意在督促企业对不同税率应税消费品的销售额分别核算，准确计算纳税。

【任务实施】
（1）完成初级税务专员基础与认知（CMAC 三级）配套章节练习。
（2）完成初级税务专员基础与认知（CMAC 三级）平台任务（参考 CMAC 试题操作指南）。

任务四　计算消费税的应纳税额

【任务描述】
（1）掌握消费税生产销售环节的计算；
（2）掌握消费税委托加工环节的计算；
（3）掌握消费税进口环节的计算；
（4）掌握已纳消费税扣除的计算。

【知识储备】

一、生产销售环节应纳消费税的计算

纳税人在生产销售环节应缴纳的消费税，包括直接对外销售应税消费品应缴纳的

消费税和自产自用应税消费品应缴纳的消费税。

（一）直接对外销售应纳消费税的计算

直接对外销售应税消费品涉及三种计算方法。

1. 从价定率计算

在从价定率计算方法下，应纳消费税额等于销售额乘以适用税率。基本计算公式为：

$$应纳税额 = 应税消费品的销售额 \times 比例税率$$

【例题 3-1】 计算题

某化妆品生产企业为增值税一般纳税人。2020年6月15日向某大型商场销售高档化妆品一批，开具增值税专用发票，取得不含增值税销售额50万元，增值税额6.50万元；6月20日向某单位销售高档化妆品一批，开具普通发票，取得含增值税销售额4.68万元。计算该高档化妆品生产企业上述业务应缴纳的消费税额。

①高档化妆品适用消费税税率15%。

②高档化妆品的应税销售额 =50+4.68/（1+13%）=54.14（万元）。

③应缴纳的消费税额 =54.14×15%=8.12（万元）。

2. 从量定额计算

在从量定额计算方法下，应纳税额等于应税消费品的销售数量乘以单位税额。基本计算公式为：

$$应纳税额 = 应税消费品的销售数量 \times 定额税率$$

【例题 3-2】 计算题

某啤酒厂2020年4月销售甲类啤酒1 000吨，取得不含增值税销售额295万元，增值税税款38.35万元，另收取包装物押金23.40万元。计算4月该啤酒厂应纳消费税税额。

①销售甲类啤酒，适用定额税率每吨250元。

②应纳税额 = 销售数量 × 定额税率 =1 000×250=250 000（元）。

3. 从价定率和从量定额复合计算

现行消费税的征税范围中，只有卷烟、白酒采用复合计算方法。基本计算公式为：

$$应纳税额 = 应税消费品的销售数量 \times 定额税率 + 应税销售额 \times 比例税率$$

【例题 3-3】 计算题

某白酒生产企业为增值税一般纳税人，2020年4月销售白酒50吨，取得不含增值税销售额200万元。计算白酒企业4月应缴纳的消费税额。

①白酒适用比例税率20%，定额税率每500克0.5元。

②应纳税额 =50×2 000×0.00005+200×20%=45（万元）。

（二）自产自用应纳消费税的计算

所谓自产自用，就是纳税人生产应税消费品后，不是用于直接对外销售，而是用于自己连续生产应税消费品或用于其他方面。这种自产自用应税消费品形式，在实际经济活动中是很常见的，但也是在是否纳税或如何纳税上最容易出现问题的。例如，有的企业把自己生产的应税消费品，以福利或奖励等形式发给本厂职工，以为不是对外销售，不必计入销售额，无须纳税，这样就出现了漏缴税款的现象。因此，很有必要认真理解税法对自产自用应税消费品的有关规定。

1. 用于连续生产应税消费品

纳税人自产自用的应税消费品，用于连续生产应税消费品的，不纳税。所谓"纳税人自产自用的应税消费品，用于连续生产应税消费品的"，是指作为生产最终应税消费品的直接材料并构成最终产品实体的应税消费品。例如，卷烟厂生产出烟丝，烟丝已是应税消费品，卷烟厂再用生产出的烟丝连续生产卷烟，这样，用于连续生产卷烟的烟丝就不用缴纳消费税，只对生产销售的卷烟征收消费税。当然，生产出的烟丝如果是直接销售的，则烟丝还是要缴纳消费税的。税法规定对自产自用的应税消费品，用于连续生产应税消费品的不征税，体现了不重复课税且计税简便的原则。

2. 用于其他方面的应税消费品

纳税人自产自用的应税消费品，除用于连续生产应税消费品外，凡用于其他方面的，于移送使用时纳税。用于其他方面的是指纳税人用于生产非应税消费品、在建工程、管理部门、非生产机构、提供劳务，以及用于馈赠、赞助、集资、广告、样品、职工福利、奖励等方面。所谓"用于生产非应税消费品"，是指把自产的应税消费品用于生产《消费税暂行条例》税目、税率表所列15类产品以外的产品。如原油加工厂用生产出的应税消费品汽油调和制成溶剂汽油，该溶剂汽油就属于非应税消费品，加工厂应就该自产自用行为缴纳消费税，但是不用缴纳增值税。所谓"用于在建工程"，是指把自产的应税消费品用于本单位的各项建设工程。例如，石化工厂把自己生产的柴油用于本厂基建工程的车辆、设备使用。所谓"用于管理部门、非生产机构"，是指把自己生产的应税消费品用于与本单位有隶属关系的管理部门或非生产机构。例如，汽车制造厂把生产出的小汽车提供给上级主管部门使用。所谓"用于馈赠、赞助、集资、广告、样品、职工福利、奖励"，是指把自己生产的应税消费品无偿赠送给他人，或以资金的形式投资于外单位，或作为商品广告、经销样品，或以福利、奖励的形式发给职工。例如，小汽车生产企业把自己生产的小汽车赠送或赞助给小汽车拉力赛赛车手使用，兼作商品广告；酒厂把生产的滋补药酒以福利的形式发给职工等。总之，企业自产的应税消费品虽然没有用于销售或连续生产应税消费品，但只要是用于税法所规定的范围的都要视同销售,依法缴纳消费税。

3. 组成计税价格及税额的计算

纳税人自产自用的应税消费品,凡用于其他方面,应当纳税的,按照纳税人生产的同类消费品的销售价格计算纳税。同类消费品的销售价格是指纳税人当月销售的同类消费品的销售价格,如果当月同类消费品各期销售价格高低不同,应按销售数量加权平均计算。但销售的应税消费品有下列情况之一的,不得列入加权平均计算:

(1)销售价格明显偏低又无正当理由的。

(2)无销售价格的。

如果当月无销售或者当月未完结,应按照同类消费品上月或者最近月份的销售价格计算纳税。

没有同类消费品销售价格的,按照组成计税价格计算纳税。

实行从价定率办法计算纳税的组成计税价格计算公式:

$$组成计税价格 = (成本 + 利润) \div (1 - 比例税率)$$

$$应纳税额 = 组成计税价格 \times 比例税率$$

实行复合计税办法计算纳税的组成计税价格计算公式:

$$组成计税价格 = (成本 + 利润 + 自产自用数量 \times 定额税率) \div (1 - 比例税率)$$

$$应纳税期 = 组成计税价格 \times 比例税率 + 自产自用数量 \times 定额税率$$

上述公式中所说的"成本"是指应税消费品的产品生产成本。

上述公式中所说的"利润",是指根据应税消费品的全国平均成本利润率计算的利润。应税消费品全国平均成本利润率由国家税务总局确定。

【例题 3-4】 计算题

某化妆品公司将一批自产的高档化妆品用作职工福利,高档化妆品的成本 80 000 元,该高档化妆品无同类产品市场销售价格,但已知其成本利润率为 5%,消费税税率为 15%。计算该批高档化妆品应缴纳的消费税税额。(小数点后保留两位)

① 组成计税价格 = 成本 × (1+ 成本利润率) ÷ (1- 消费税税率)

=80 000 × (1+5%) ÷ (1-15%) = 84 000 ÷ 0.85 = 98 823.53(元)

② 应纳税额 =98 823.53 × 15%=14 823.53(元)

二、委托加工环节应税消费品应纳税的计算

企业、单位或个人由于设备、技术、人力等方面的局限或其他方面的原因,常常要委托其他单位代为加工应税消费品,然后,将加工好的应税消费品收回,直接销售或自己使用。这是生产应税消费品的另一种形式,也需要纳入征收消费税的范围。例

如，某企业将购来的小客车底盘和零部件提供给某汽车改装厂，加工组装成小客车供自己使用，则加工、组装成的小客车就需要缴纳消费税。按照规定，委托加工的应税消费品，由受托方在向委托方交货时代收代缴税款。

（一）委托加工应税消费品的确定

委托加工的应税消费品是指由委托方提供原料和主要材料，受托方只收取加工费和代垫部分辅助材料加工的应税消费品。对于由受托方提供原材料生产的应税消费品，或者受托方先将原材料卖给委托方，然后再接受加工的应税消费品，以及由受托方以委托方名义购进原材料生产的应税消费品，不论纳税人在财务上是否作销售处理，都不得作为委托加工应税消费品，而应当按照销售自制应税消费品缴纳消费税。

（二）代收代缴税款的规定

对于确实属于委托方提供原料和主要材料，受托方只收取加工费和代垫部分辅助材料加工的应税消费品，税法规定，由受托方在向委托方交货时代收代缴消费税。这样，受托方就是法定的代收代缴义务人。如果受托方对委托加工的应税消费品没有代收代缴或少代收代缴消费税，应按照《中华人民共和国税收征收管理法》（以下简称《税收征收管理法》）的规定，承担代收代缴的法律责任。因此，受托方必须严格履行代收代缴义务，正确计算和按时代缴税款。为了加强对受托方代收代缴税款的管理，委托个人（含个体工商户）加工的应税消费品，由委托方收回后缴纳消费税。

委托加工的应税消费品，受托方在交货时已代收代缴消费税，委托方将收回的应税消费品，以不高于受托方的计税价格出售的，为直接出售，不再缴纳消费税；委托方以高于受托方的计税价格出售的，不属于直接出售，需按照规定申报缴纳消费税，在计税时准予扣除受托方已代收代缴的消费税。

对于受托方没有按规定代收代缴税款的，不能因此免除委托方补缴税款的责任。在对委托方进行税务检查中，如果发现受其委托加工应税消费品的受托方没有代收代缴税款，则应按照《税收征收管理法》规定，对受托方处以应代收代缴税款50%以上3倍以下的罚款；委托方要补缴税款，对委托方补征税款的计税依据是：如果在检查时，收回的应税消费品已经直接销售的，按销售额计税；收回的应税消费品尚未销售或不能直接销售的（如收回后用于连续生产等），按组成计税价格计税。组成计税价格的计算公式与下列"（三）"组成计税价格公式相同。

（三）组成计税价格及应纳税额的计算

委托加工的应税消费品，按照受托方的同类消费品的销售价格计算纳税，同类消费品的销售价格是指受托方（即代收代缴义务人）当月销售的同类消费品的销售价格，如果当月同类消费品各期销售价格高低不同，应按销售数量加权平均计算。但销售的应税消费品有下列情况之一的，不得列入加权平均计算：

（1）销售价格明显偏低又无正当理由的。

（2）无销售价格的。

如果当月无销售或者当月未完结，应按照同类消费品上月或最近月份的销售价格计算纳税。没有同类消费品销售价格的，按照组成计税价格计算纳税。

实行从价定率办法计算纳税的组成计税价格计算公式为：

组成计税价格=（材料成本+加工费）÷（1-比例税率）

实行复合计税办法计算纳税的组成计税价格计算公式为：

组成计税价格=（材料成本+加工费+委托加工数量×定额税率）÷（1-比例税率）

【例题3-5】 计算题

某鞭炮企业2020年4月受托为某单位加工一批鞭炮，委托单位提供的原材料金额为60万元，收取委托单位不含增值税的加工费8万元，鞭炮企业无同类产品市场价格。计算鞭炮企业应代收代缴的消费税。

①鞭炮的适用税率为15%

②组成计税价格=（60+8）÷（1-15%）=80（万元）

③应代收代缴消费税=80×15%=12（万元）

三、进口环节应纳消费税的计算

进口的应税消费品，于报关进口时缴纳消费税；进口的应税消费品的消费税由海关代征；进口的应税消费品，由进口人或者其代理人向报关地海关申报纳税；纳税人进口应税消费品，按照关税征收管理的相关规定，应当自海关填发海关进口消费税专用缴款书之日起15日内缴纳税款。

纳税人进口应税消费品，按照组成计税价格和规定的税率计算应纳税额。计算方法如下：

（一）从价定率计征应纳税额的计算

实行从价定率办法计算纳税的组成计税价格计算公式为：

组成计税价格=（关税完税价格+关税）÷（1-消费税比例税率）

应纳税额=组成计税价格×消费税比例税率

【例题 3-6】 计算题

某商贸公司，2020年5月从国外进口一批应税消费品，已知该批应税消费品的关税完税价格为90万元，按规定应缴纳关税18万元，假定进口的应税消费品的消费税税率为10%。请计算该批消费品进口环节应缴纳的消费税税额。

①组成计税价格 =（90+18）÷（1–10%）=120（万元）。
②应缴纳消费税税额 =120×10%=12（万元）。

公式中所称"关税完税价格"是指海关核定的关税计税价格。

（二）实行从量定额计征应纳税额的计算

应纳税额的计算公式为

$$应纳税额 = 应税消费品数量 \times 消费税定额税率$$

（三）实行从价定率和从量定额复合计税办法应纳税额的计算

应纳税额的计算公式为

组成计税价格 =（关税完税价格 + 关税 + 进口数量 × 消费税定额税率）÷
（1– 消费税比例税率）

应纳税额 = 组成计税价格 × 消费税率 + 应税消费品进口数量 × 消费税定额税率

进口环节消费税除国务院另有规定者外。一律不得给予减税、免税。

四、已纳消费税扣除的计算

为了避免重复征税，现行消费税规定，将外购应税消费品和委托加工收回的应税消费品继续生产应税消费品销售的，可以将外购应税消费品和委托加工收回应税消费品已缴纳的消费税给予扣除。

（一）外购应税消费品已纳税款的扣除

1. 外购应税消费品连续生产应税消费品

由于某些应税消费品是用外购已缴纳消费税的应税消费品连续生产出来的，在对这些连续生产出来的应税消费品计算征税时，税法规定应按当期生产领用数量计算准予扣除外购的应税消费品已纳的消费税税款。扣除范围包括：

（1）外购已税烟丝生产的卷烟。
（2）外购已税化妆品生产的化妆品。
（3）外购已税珠宝玉石生产的贵重首饰及珠宝玉石。

（4）外购已税鞭炮焰火生产的鞭炮焰火。

（5）外购已税杆头、杆身和握把为原料生产的高尔夫球杆。

（6）外购已税木制一次性筷子为原料生产的木制一次性筷子。

（7）外购已税实木地板为原料生产的实木地板。

（8）对外购已税汽油、柴油、石脑油、燃料油、润滑油用于连续生产应税成品油。

（9）外购已税摩托车连续生产应税摩托车（如用外购两轮摩托车改装三轮摩托车）。

上述当期准予扣除外购应税消费品已纳消费税税款的计算公式为：

当期准予扣除的外购应税消费品已纳税款 = 当期准予扣除的外购应税消费品买价 × 外购应税消费品适用税率

当期准予扣除的外购应税消费品买价 = 期初库存的外购应税消费品的买价 + 当期购进的应税消费品的买价 − 期末库存的外购应税消费品的买价

外购已税消费品的买价是指购货发票上注明的销售额（不包括增值税税款）。由于我国近期多次调整成品油消费税税率，纳税人外购应税油品连续生产应税成品油，应根据其取得的外购应税油品增值税专用发票开具时间来确定具体扣除金额，如果增值税专用发票开具时间为调整前，则按照调整前的成品油消费税税率计算扣除消费税；如果增值税专用发票开具时间为调整后，则按照调整后的成品油消费税税率计算扣除消费税。

【例题3-7】 计算题

某卷烟生产企业，某月初库存外购应税烟丝金额50万元，当月又外购应税烟丝金额500万元（不含增值税），月末库存烟丝金额30万元，其余被当月生产卷烟领用。请计算卷烟厂当月准许扣除的外购烟丝已缴纳的消费税税额。

①烟丝适用的消费税税率为30%。

②当期准许扣除的外购烟丝买价 =50+500−30=520（万元）。

③当月准许扣除的外购烟丝已缴纳的消费税税额 =520×30%=156（万元）。

（二）委托加工收回的应税消费品已纳税款的扣除

委托加工的应税消费品因为已由受托方代收代缴消费税，因此，委托方收回货物后用于连续生产应税消费品的，其已纳税款准予按照规定从连续生产的应税消费品应纳消费税税额中抵扣。按照国家税务总局的规定，下列连续生产的应税消费品准予从应纳消费税税额中按当期生产领用数量计算扣除委托加工收回的应税消费品已纳消费税税款：

（1）以委托加工收回的已税烟丝为原料生产的卷烟。

（2）以委托加工收回的已税化妆品为原料生产的化妆品。

（3）以委托加工收回的已税珠宝玉石为原料生产的贵重首饰及珠宝玉石。

（4）以委托加工收回的已税鞭炮、焰火为原料生产的鞭炮、焰火。

（5）以委托加工收回的已税杆头、杆身和握把为原料生产的高尔夫球杆。

（6）以委托加工收回的已税木制一次性筷子为原料生产的木制一次性筷子。

（7）以委托加工收回的已税实木地板为原料生产的实木地板。

（8）以委托加工收回的已税汽油、柴油、石脑油、燃料油、润滑油用于连续生产应税成品油。

（9）以委托加工收回的已税摩托车连续生产应税摩托车（如用外购两轮摩托车改装三轮摩托车）。

上述当期准予扣除委托加工收回的应税消费品已纳消费税税款的计算公式为

当期准予扣除的委托加工应税消费品已纳税款 = 期初序存的委托加工应税消费品已纳税款 + 当期收回的委托加工应税消费品已纳税款 – 期末库存的委托加工应税消费品已纳税款

纳税人以进口、委托加工收回应税油品连续生产应税成品油，分别依据《海关进口消费税专用缴款书》《税收缴款书（代扣代收专用）》，按照现行政策规定计算扣除应税油品已纳消费税税款。

需要说明的是，纳税人用委托加工收回的已税珠宝玉石生产的改在零售环节征收消费税的金银首饰，在计税时一律不得扣除委托加工收回的珠宝玉石的已纳消费税税款。

【任务实施】

（1）完成初级税务专员基础与认知（CMAC 三级）配套章节练习。

（2）完成初级税务专员基础与认知（CMAC 三级）平台任务（参考 CMAC 试题操作指南）。

任务五　了解消费税的征收管理

【任务描述】

（1）掌握消费税纳税义务发生时间；

（2）掌握消费税纳税期限；

（3）了解消费税纳税地点。

【知识储备】

一、纳税义务发生时间

消费税纳税义务发生的时间以货款结算方式或行为发生时间分别确定。

（1）纳税人销售的应税消费品，其纳税义务的发生时间如下。

1）纳税人采取赊销和分期收款结算方式的，其纳税义务的发生时间为书面合同约定的收款日期的当天；书面合同没有约定收款日期或者无书面合同的，其纳税义务的发生时间为发出应税消费品的当天。

2）纳税人采取预收货款结算方式的，其纳税义务的发生时间为发出应税消费品的当天。

3）纳税人采取托收承付和委托银行收款方式销售的应税消费品，其纳税义务的发生时间为发出应税消费品并办妥托收手续的当天。

4）纳税人采取其他结算方式的，其纳税义务的发生时间为收讫销售款或者取得索取销售款凭据的当天。

（2）纳税人自产自用的应税消费品，其纳税义务的发生时间为移送使用的当天。

（3）纳税人委托加工的应税消费品，其纳税义务的发生时间为纳税人提货的当天。

（4）纳税人进口的应税消费品，其纳税义务的发生时间为报关进口的当天。

二、纳税期限

按照《消费税暂行条例》规定，消费税的纳税期限分别为 1 日、3 日、5 日、10 日、

15日、1个月或者1个季度。纳税人的具体纳税期限由主管税务机关根据纳税人应纳税额的大小分别核定；不能按照固定期限纳税的，可以按次纳税。

纳税人以1个月或以1个季度为一期纳税的，自期满之日起15日内申报纳税；以1日、3日、5日、10日或者15日为一期纳税的，自期满之日起5日内预缴税款，于次月1日起至15日内申报纳税并结清上月应纳税款。

纳税人进口应税消费品，应当自海关填发海关进口消费税专用缴款书之日起15日内缴纳税款。

如果纳税人不能按照规定的纳税期限依法纳税，将按《税收征收管理法》的有关规定处理。

三、纳税地点

消费税具体纳税地点有：

（1）纳税人销售的应税消费品，以及自产自用的应税消费品，除国务院财政、税务主管部门另有规定外，应当向纳税人机构所在地或者居住地的主管税务机关申报纳税。

（2）委托加工的应税消费品，除受托方为个人外，由受托方向机构所在地或者居住地的主管税务机关解缴消费税税款。

（3）进口的应税消费品，由进口人或者其代理人向报关地海关申报纳税。

（4）纳税人到外县（市）销售或者委托外县（市）代销自产应税消费品的，于应税消费品销售后，向机构所在地或者居住地主管税务机关申报纳税。

纳税人的总机构与分支机构不在同一县（市），但在同一省（自治区、直辖市）范围内，经省（自治区、直辖市）财政厅（局）、国家税务总局审批同意，可以由总机构汇总向总机构所在地的主管税务机关申报缴纳消费税。

省（自治区、直辖市）财政厅（局）、国家税务总局应将审批同意的结果，上报财政部、国家税务总局备案。

（5）纳税人销售的应税消费品，如因质量等原因由购买者退回时，经所在地主管税务机关审核批准后，可退还已征收的消费税税款，但不能自行直接抵减应纳税款。

【任务实施】

（1）完成初级税务专员基础与认知（CMAC三级）配套章节练习。

（2）完成初级税务专员基础与认知（CMAC三级）平台任务（参考CMAC试题操作指南）。

（3）练习《V3.7消费税网上申报教学版案例01》，平台软件使用税务软件平台进行练习，打印实训报告，要求如下：

1）进行系统评分后打印实训报告封面。

2）打印《V3.7消费税网上申报教学版案例01》主表及其附表。

【知识扩展】

美国的消费税

在美国，消费税中最常见的形式是销售税。除少数特定商品外，无论是到商店购物，或到酒店住宿用餐，还是到停车场停车，凡是要花钱的地方差不多都要支付相当于售价3%～9%的销售税。

销售税是一种地方税，美国州市各级议会在获得上级议会的批准后，都有权根据当地经济实际情况及政策目标确定销售税率的高低。

德克萨斯州一年一度的夏季免税日对消费者来说是一个盛大的节日。这3天里，100美元以下的衣服和鞋子以及一些文具都是免税的。德克萨斯州免税日已经有多年的历史。据悉，由于免税日大家都出门购物造成交通拥堵现象严重，德克萨斯州政府正准备把3天的时间延长为5天。

项目四

随征税费

随征税费是指随流转税（包括增值税、消费税）附征的一些税费，具体包括城市维护建设税、教育费附加和地方教育附加等。随征税费是以流转税为计税依据的一种税费。

任务一　掌握城市维护建设税

【任务描述】
（1）了解城市维护建设税的概念和特点；
（2）掌握城市维护建设税的纳税义务人；
（3）掌握城市维护建设税的税率；
（4）掌握城市维护建设税的计税依据和计算；
（5）掌握城市维护建设税的征收管理。

【知识储备】

一、城市维护建设税的概念和特点

（一）城市维护建设税的概念

城市维护建设税是国家对缴纳增值税、消费税的单位和个人就其实际缴纳的税额为计税依据而征收的一种税。它属于特定目的税，是国家为加强城市的维护建设、扩大和稳定城市维护建设资金的来源而采取的一项税收措施。

（二）城市维护建设税的特点

城市维护建设税有以下几个特点：

（1）税款专款专用。所征税款要求保证用于城市公用事业和公共设施的维护和建设。

（2）属于一种附加税。城市维护建设税是以纳税人实际缴纳的增值税、消费税税额为计税依据，随增值税、消费税同时征收，其本身没有特定的课税对象，其征管方法也完全比照增值税、消费税的有关规定办理。

（3）根据城镇规模设计不同的比例税率。根据纳税人所在城镇的规模及其资金需要设计税率。

（三）城市维护建设税的纳税义务人与征税范围

城市维护建设税是对从事经营活动，缴纳增值税、消费税的单位和个人征收的一种税。城市维护建设税的纳税义务人是指负有缴纳增值税和消费税义务的单位和个人，包括国有企业、集体企业、私营企业、股份制企业、其他企业和行政单位、事业单位、军事单位、社会团体、其他单位，以及个体工商户及其他个人。

城市维护建设税的代扣代缴、代收代缴，一律比照增值税、消费税的有关规定办理。增值税、消费税的代扣代缴、代收代缴义务人同时也是城市维护建设税的代扣代缴、代收代缴义务人。

二、税率

城市维护建设税的税率是指纳税人应缴纳的城市维护建设税税额与纳税人实际缴纳的增值税、消费税税额之间的比率。城市维护建设税按纳税人所在地的不同，设置了三档地区差别比例税率（除特殊规定外），即：

（1）纳税人所在地为市区的，税率为7%。

（2）纳税人所在地为县城、镇的，税率为5%。
（3）纳税人所在地不在市区、县城或者镇的，税率为1%。

三、计税依据

城市维护建设税的计税依据是指纳税人实际缴纳的增值税、消费税税额。纳税人违反增值税、消费税有关税法而加收的滞纳金和罚款，属于税务机关对纳税人违法行为的经济制裁，不作为城市维护建设税的计税依据，但纳税人在被查补增值税、消费税和被处以罚款时，应同时对其偷漏的城市维护建设税进行补税、征收滞纳金和罚款。

城市维护建设税以增值税、消费税税额为计税依据并同时征收，如果要免征或者减征增值税、消费税，也就要同时免征或者减征城市维护建设税。但对于出口产品退还增值税、消费税的，不退还已缴纳的城市维护建设税。

四、应纳税额的计算

城市维护建设税纳税人的应纳税额大小是由纳税人实际缴纳的增值税、消费税税额决定的，其计算公式为：

应纳税额 = 纳税人实际缴纳的增值税、消费税税额 × 适用税率

【例题4-1】 计算题

某市区一家企业2020年3月实际缴纳增值税300 000元，缴纳消费税400 000元。计算该企业应缴纳的城市维护建设税税额。

应缴纳城市维护建设税税额 =（实际缴纳的增值税 + 实际缴纳的消费税）× 适用税率
　　　　　　　　　　　 =（300 000+400 000）× 7%=700 000 × 7%=49 000（元）

由于城市维护建设税实行纳税人所在地差别比例税率，所以在计算应纳税额时，应十分注意根据纳税人所在地来确定适用税率。

五、税收优惠

城市维护建设税原则上不单独减免，但因城市维护建设税又具附加税性质，当主税发生减免时，城市维护建设税相应发生税收减免。城市维护建设税的税收减免具体有以下几种情况：

（1）城市维护建设税按减免后实际缴纳的增值税、消费税税额计征，即随增值税、消费税的减免而减免。

（2）对于因减免税而需进行增值税、消费税退库的，城市维护建设税也可同时退库。

（3）海关对进口产品代征的增值税、消费税，不征收城市维护建设税。

（4）对增值税、消费税实行先征后返、先征后退、即征即退办法的，除另有规定外，对随增值税、消费税附征的城市维护建设税和教育费附加，一律不退（返）还。

六、纳税环节

城市维护建设税的纳税环节是指《中华人民共和国城市维护建设税暂行条例》（以下简称《城市维护建设税暂行条例》）规定的纳税人应当缴纳城市维护建设税的环节。城市维护建设税的纳税环节实际就是纳税人缴纳增值税、消费税的环节。纳税人只要发生增值税、消费税的纳税义务，就要在同样的环节分别计算并缴纳城市维护建设税。

七、纳税地点

城市维护建设税以纳税人实际缴纳的增值税、消费税税额为计税依据，分别与增值税、消费税同时缴纳。所以，纳税人缴纳增值税、消费税的地点就是该纳税人缴纳城市维护建设税的地点。但是，属于下列情况的，纳税地点有所不同。

（1）代扣代缴、代收代缴增值税、消费税的单位和个人，同时也是城市维护建设税的代扣代缴、代收代缴义务人，其城市维护建设税的纳税地点在代扣代收地。

（2）跨省开采的油田，下属生产单位与核算单位不在一个省内的，其生产的原油在油井所在地缴纳增值税，其应纳税款由核算单位按照各油井的产量和规定税率，计算汇拨各油井缴纳。所以，各油井应纳的城市维护建设税应由核算单位计算，随同增值税一并汇拨油井所在地，由油井在缴纳增值税的同时，一并缴纳城市维护建设税。

（3）对管道局输油部分的收入，由取得收入的各管道局于所在地缴纳增值税。所以，其应纳城市维护建设税也应由取得收入的各管道局于所在地缴纳增值税时一并缴纳。

（4）对流动经营等无固定纳税地点的单位和个人，应随同增值税、消费税在经营地按适用税率缴纳。

八、纳税期限

由于城市维护建设税是由纳税人在缴纳增值税、消费税时同时缴纳的，所以其纳税期限分别与增值税、消费税的纳税期限一致。增值税、消费税纳税人的具体纳税期限由主管税务机关根据纳税人应纳税额大小分别核定；不能按照固定期限纳税的，可以按次纳税。

由于《城市维护建设税暂行条例》是在1994年分税制实施前制定的，而1994年后，增值税、消费税由国家税务局征收管理，而城市维护建设税由地方税务局征收管理，因此，在缴税入库的时间上不一定完全一致。

【任务实施】

（1）完成初级税务专员基础与认知（CMAC三级）配套章节练习。

（2）完成初级税务专员基础与认知（CMAC三级）平台任务（参考CMAC试题操作指南）。

任务二　掌握教育费附加和地方教育附加

【任务描述】

（1）了解教育费附加和地方教育附加的概念；

（2）掌握教育费附加和地方教育附加的征税范围和计税依据；

（3）掌握教育费附加和地方教育附加的计算。

【知识储备】

一、教育费附加和地方教育附加的概念

教育费附加是由税务机关负责征收，同级教育部门统筹安排，同级财政部门监督管理，专门用于发展地方教育事业的预算外资金。为了贯彻落实《中共中央关于教育体制改革的决定》，加快发展地方教育事业，扩大地方教育经费的资金来源，国务院于1986年4月28日发布《征收教育费附加的暂行规定》，指出凡缴纳产品税、增值税、营业税（现改为增值税）的单位和个人，除按照《国务院关于筹措农村学校办学经费的通知》（国发〔1984〕174号文）的规定，缴纳农村教育事业费附加的单位外，都应

当按照该规定缴纳教育费附加。

地方教育附加是指根据国家有关规定，为实施"科教兴省"战略，增加地方教育的资金投入，促进各省、自治区、直辖市教育事业发展，开征的一项地方政府性基金。该收入主要用于各地方的教育经费的投入补充。按照地方教育附加使用管理规定，在各省、直辖市的行政区域内，凡缴纳增值税、消费税的单位和个人，都应按规定缴纳地方教育附加。

二者共同点是都是政府型基金，随税收一并征收，用于教育事业。其区别是教育费附加政策是中央制定的，其规模也较大；地方教育附加一般由地方政府自行制定，收入规模较小。

二、教育费附加和地方教育附加的征税范围和计税依据

教育费附加和地方教育附加对缴纳增值税、消费税的单位和个人征收，以其实际缴纳的增值税、消费税为计征依据，分别与增值税、消费税同时缴纳。

三、教育费附加和地方教育附加的计征比率

教育费附加计征比率曾几经变化。1986年开征时，规定为1%；1990年5月《国务院关于修改〈征收教育费附加的暂行规定〉的决定》中规定为2%；按照1994年2月7日《国务院关于教育费附加征收问题的紧急通知》的规定，现行教育费附加征收比率为3%，地方教育附加征收比率从2010年起统一为2%。

四、教育费附加和地方教育附加的计算

教育费附加和地方教育附加的计算公式为：

应纳教育费附加或地方教育附加＝实际缴纳的增值税、消费税 × 征收比率（3%或2%）

【例题4-2】计算题

北京市区一家企业于2020年3月实际缴纳增值税200 000元，缴纳消费税300 000元。计算该企业应缴纳的教育费附加和地方教育附加。

应纳教育费附加＝（实际缴纳的增值税＋实际缴纳的消费税）× 征收比率
＝（200 000+300 000）× 3%=500 000 × 3%=15 000（元）

应纳地方教育附加＝（实际缴纳的增值税＋实际缴纳的消费税）× 征收比率
＝（200 000+300 000）× 2%=500 000 × 2%=10 000（元）

五、教育费附加的减免规定

（1）对海关进口的产品征收的增值税、消费税，不征收教育费附加。

（2）对由于减免增值税、消费税而发生退税的，可同时退还已征收的教育费附加；但对出口产品退还增值税、消费税的，不退还已征的教育费附加。

（3）对国家重大水利工程建设基金免征教育费附加。

【任务实施】

（1）完成初级税务专员基础与认知（CMAC 三级）配套章节练习。

（2）完成初级税务专员基础与认知（CMAC 三级）平台任务（参考 CMAC 试题操作指南）。

（3）练习《V3.7 城建税、教育费附加、地方教育附加税（费）申报实训系统教育案例 01》，平台软件使用税务软件平台进行练习，打印实训报告，要求如下：

1）进行系统评分后打印实训报告封面。

2）打印《V3.7 城建税、教育费附加、地方教育附加税（费）申报实训系统教育案例 01》申报主表及其附表。

【知识扩展】

城建税与教育费附加

1979 年前，我国用于城市维护建设的资金来源由当时的工商税附加、城市公用事业附加和国拨城市维护费组成。1979 年国家开始在部分大中城市实行从上年工商利润中提取 5% 用于城市维护和建设的办法，但未能从根本上解决问题。1981 年国务院在批转财政部关于改革工商税制的设想中提出：根据城市建设的需求，开征城市维护建设税（简称"城建税"），作为县以上城市和工矿区市政建设的专项资金。1985 年 2 月 8 日，国务院正式颁布了《中华人民共和国城市维护建设税暂行条例》，并于 1985 年 1 月 1 日在全国范围内施行。

为了调动各种力量办教育的积极性，开辟多种渠道筹措教育经费，国务院于 1986 年 4 月 28 日颁布了《征收教育费附加的暂行规定》，同年 7 月 1 日开始在全国范围内征收教育费附加。教育费附加自开征以来，对筹集资金发展地方教育事业发展起到了重要作用。

项目五

企业所得税

企业所得税是对我国境内的企业和其他取得收入的组织的生产、经营所得和其他所得所征收的一种税,它是国家参与企业利润分配的重要手段。2007年3月16日第十届全国人民代表大会第五次会议通过并公布《中华人民共和国企业所得税法》(以下简称《企业所得税法》),它适用于包括外资企业在内的所有企业。

任务一　了解企业所得税

【任务描述】
(1)了解企业所得税的概念;
(2)了解企业所得税的计税原理;
(3)了解企业所得税的作用。

【知识储备】

一、企业所得税的概念

企业所得税是对我国境内的企业和其他取得收入的组织的生产经营所得和其他所得

征收的所得税。

二、企业所得税的计税原理

企业所得税的特点主要包括：①通常以净所得为征税对象；②通常以经过计算得出的应纳税所得额为计税依据；③纳税人和实际负担人通常是一致的，因而可以直接调节纳税人的所得。

由此可以看出，所得税的计税依据是利润，即所得额，而非收入。计税依据即应纳税所得额的计算涉及纳税人的收入、成本、费用、税金、损失和其他支出等各个方面，使得所得税计税依据的计算较为复杂。在征收企业所得税的过程中，为了发挥其对经济的调控、对产业结构的调整等作用，将会根据调控目的和需要，采用各种税收激励政策。

三、企业所得税的作用

企业所得税是对企业所得征税，有所得者缴税，无所得者不缴税。就其计税原理而言，所得税的作用体现在以下几个方面：

（一）促进企业改善经营管理活动，提升企业的盈利能力

由于企业所得税只对利润征税，往往采用比例税率，因此，投资能力和盈利能力较强的企业能产生较多的利润。但在适用比例税率的情况下，盈利能力越强，则税负承担能力越强，相对降低了企业的税负水平，也相对增加了企业的税后利润。并且，在征税过程中对企业的收入、成本、费用等进行检查，对企业的经营管理活动和财务管理活动展开监督，促使企业改善经营管理活动，提高盈利能力。

（二）调节产业结构，促进经济发展

所得税的调节作用在于公平税负、量能负担，虽然各国的法人所得税往往采用比例税率，在一定程度上削弱了所得税的调控功能，但在税制设计中，各国往往通过各项税收优惠政策的实施，发挥其对纳税人投资、产业结构调整、环境治理等方面的调控作用。

（三）为国家建设筹集财政资金

税收的首要职能是筹集财政收入。随着我国国民收入向企业和居民分配的倾斜，

以及经济的发展和企业盈利水平的提高,企业所得税占全部税收收入的比重越来越高,成为我国税收制度中的主体税种之一。

【任务实施】

(1) 完成初级税务专员基础与认知(CMAC 三级)配套章节练习。

(2) 完成初级税务专员基础与认知(CMAC 三级)平台任务(参考 CMAC 试题操作指南)。

任务二 掌握企业所得税的纳税义务人、征税对象与税率

【任务描述】

(1) 掌握企业所得税纳税义务人;

(2) 了解企业所得税的征税对象;

(3) 掌握企业所得税的税率。

【知识储备】

一、纳税义务人

企业所得税的纳税义务人是指在中华人民共和国境内的企业和其他取得收入的组织。《企业所得税法》第一条规定,除个人独资企业、合伙企业不适用企业所得税法外,凡在我国境内,企业和其他取得收入的组织(以下统称"企业")为企业所得税的纳税人,依照本法规定缴纳企业所得税。

企业所得税的纳税义务人是在我国境内取得收入的企业或组织,不包括个人独资企业和合伙企业。《企业所得税法》根据企业纳税义务的不同,把企业分为居民企业和非居民企业。

居民企业是指依法在中国境内成立，或者依照外国（地区）法律成立但实际管理机构在中国境内的企业。居民企业负有全面纳税义务，应就其来源于中国境内外的所得，按规定税率依法缴纳企业所得税。

非居民企业是指依照外国（地区）法律成立且实际管理机构不在中国境内，但在中国境内设立机构、场所的，或者在中国境内未设立机构、场所，但有来源于中国境内所得的企业，包括：

①管理机构、营业机构、办事机构。
②工厂、农场、开采自然资源的场所。
③提供劳务的场所。
④从事建筑、安装、装配、修理、勘探等工程作业的场所。
⑤其他从事生产经营活动的机构、场所。

非居民企业委托营业代理人在中国境内从事生产经营活动的，包括委托单位或者个人经常代其签订合同，或者储存、交付货物等，该营业代理人视为非居民企业在中国境内设立的机构、场所。

二、征税对象

企业所得税的征税对象包括企业的生产经营所得、其他所得和清算所得。

（一）居民企业的征税对象

居民企业应就来源于中国境内、境外的所得作为征税对象，所得包括销售货物所得、提供劳务所得、转让财产所得、股息红利等权益性投资所得、利息所得、租金所得、特许权使用费所得、接受捐赠所得和其他所得。

（二）非居民企业的征税对象

非居民企业在中国境内设立机构、场所的，应当就其所设机构、场所取得的来源于中国境内的所得，以及发生在中国境外但与其所设机构、场所有实际联系的所得，缴纳企业所得税；非居民企业在中国境内未设立机构、场所的，或者虽设立机构、场所但取得的所得与其所设机构、场所没有实际联系的，应当就其来源于中国境内的所得缴纳企业所得税。

上述所称"实际联系"是指非居民企业在中国境内设立的机构、场所拥有的据以取得所得的股权、债权，以及拥有、管理、控制据以取得所得的财产。

（三）所得来源的确定

（1）销售货物所得：按照交易活动发生地确定。

（2）提供劳务所得：按照劳务发生地确定。

（3）转让财产所得：①不动产转让所得按照不动产所在地确定；②动产转让所得按照转让动产的企业或者机构、场所所在地确定；③权益性投资资产转让所得按照被投资企业所在地确定。

（4）股息、红利等权益性投资所得：按照分配所得的企业所在地确定。

（5）利息所得、租金所得、特许权使用费所得：按照负担、支付所得的企业或者机构、场所所在地确定，或者按照负担、支付所得的个人的住所地确定。

（6）其他所得：由国务院财政、税务主管部门确定。

三、税率

（一）基本税率

居民企业和在中国境内设立机构、场所且所得与其有联系的非居民企业取得的收入，适用25%的税率。

（二）低税率

在中国境内未设立机构、场所的，或虽设立机构、场所但取得的所得与其没有实际联系的非居民企业，适用20%的税率。但对这类企业实际征税时适用10%的税率。

（三）其他优惠税率

1. 高新技术企业

国家需要重点扶持的高新技术企业，减按15%的税率征收企业所得税。

2. 小型微利企业

对于符合条件的小型微利企业，减按20%的税率征收企业所得税。

【任务实施】

（1）完成初级税务专员基础与认知（CMAC三级）配套章节练习。

（2）完成初级税务专员基础与认知（CMAC三级）平台任务（参考CMAC试题操作指南）。

任务三　计算企业所得税应纳税所得额

【任务描述】

掌握企业所得税应纳税所得额的计算。

【知识储备】

应纳税所得额是企业所得税的计税依据，按照《企业所得税法》的规定，应纳税所得额为企业每一个纳税年度的收入总额，减除不征税收入、免税收入、各项扣除以及允许弥补的以前年度亏损后的余额。基本公式为

应纳税所得税额 = 收入总额 – 不征税收入 – 免税收入 – 各项扣除
　　　　　　　 – 允许弥补的以前年度亏损

企业应纳税所得额的计算以权责发生制为原则，属于当期的收入和费用，不论款项是否收付，均作为当期的收入和费用；不属于当期的收入和费用，即使款项已经在当期收付，均不作为当期的收入和费用。应纳税所得额的正确计算直接关系到国家财政收入和企业的税收负担，并且同成本、费用核算关系密切。因此，企业所得税法对应纳税所得额计算作了明确规定。主要内容包括收入总额、扣除范围和标准、资产的税务处理、亏损弥补等。

一、收入总额

企业的收入总额包括以货币形式和非货币形式从各种来源取得的收入，具体包括：销售货物收入，提供劳务收入，转让财产收入，股息、红利等权益性投资收益，利息收入，租金收入，特许权使用费收入，接受捐赠收入，其他收入。

企业取得收入的货币形式包括现金、存款、应收账款、应收票据、准备持有至到期的债券投资以及债务的豁免等；以非货币形式取得的收入包括固定资产、生物资产、无形资产、股权投资、存货、不准备持有至到期的债券投资、劳务以及有关权益等，这些非货币资产应当按照公允价值确定收入额。公允价值是指按照市场价格确定的价值。

不征税收入包括财政拨款、依法收取并纳入财政管理的行政事业性收费、政府性

基金以及国务院规定的其他不征税收入。

免税收入包括国债利息收入，符合条件的居民企业之间的股息、红利等权益性投资收益，境内设立机构、场所的非居民企业从居民企业取得与该机构、场所有实际联系的股息、红利等权益性投资收益以及符合条件的非营利组织的收入。

二、扣除项目的范围和标准

企业实际发生的与取得收入有关的、合理的支出，包括成本、费用、税金、损失和其他支出，准予在计算应纳税所得额时扣除。在实际中，计算应纳税所得额时还应注意三方面的内容：①企业发生的支出应当区分收益性支出和资本性支出；收益性支出在发生当期直接扣除；资本性支出应当分期扣除或者计入有关资产成本，不得在发生当期直接扣除。②企业的不征税收入用于支出所形成的费用或者财产，不得扣除或者计算对应的折旧、摊销扣除。③除企业所得税法和相关条例另有规定外，企业实际发生的成本、费用、税金、损失和其他支出，不得重复扣除。

（一）扣除项目的范围

（1）成本是指企业在生产经营活动中发生的销售成本、销货成本、业务支出以及其他耗费，即企业销售商品（产品、材料、下脚料、废料、废旧物资等），提供劳务，转让固定资产、无形资产（包括技术转让）的成本。

（2）费用是指企业每一个纳税年度为生产、经营商品和提供劳务等所发生的销售（经营）费用、管理费用和财务费用，已经计入成本的有关费用除外。

（3）税金是指企业发生的除企业所得税和允许抵扣的增值税以外的企业缴纳的各项税金及其附加。即企业按规定缴纳的消费税、城市维护建设税、关税、资源税、土地增值税、房产税、车船税、土地使用税、印花税、教育费附加等产品销售税金及附加。这些已纳税金准予税前扣除。准许扣除的税金有两种处理方式：一是在发生当期扣除；二是在发生当期计入相关资产的成本，在以后各期分摊扣除。

（4）损失是指企业在生产经营活动中发生的固定资产和存货的盘亏、毁损、报废损失，转让财产损失，呆账损失，坏账损失，自然灾害等不可抗力因素造成的损失以及其他损失。企业发生的损失，减除责任人赔偿和保险赔款后的余额，依照国务院财政、税务主管部门的规定扣除。企业已经作为损失处理的资产，在以后纳税年度又全部收回或者部分收回时，应当计入当期收入。

（5）扣除的其他支出是指除成本、费用、税金、损失外，企业在生产经营活动中发生的与生产经营活动有关的、合理的支出。

（二）扣除项目的标准

1. 工资、薪金支出

企业发生的合理的工资、薪金支出准予据实扣除。工资、薪金支出是企业每一纳税年度支付给本企业任职或与其有雇佣关系的员工的所有现金或非现金形式的劳动报酬，包括基本工资、奖金、津贴、补贴、年终加薪、加班工资，以及与任职或者是受雇有关的其他支出。

合理的工资、薪金是指企业按照股东大会、董事会、薪酬委员会或相关管理机构制定的工资薪金制度规定实际发放给员工的工资薪金。税务机关在对工资薪金进行合理性确认时，可根据以下原则进行判断：

（1）企业制定了较为规范的员工工资薪金制度。

（2）企业所制定的工资薪金制度符合行业及地区水平。

（3）企业在一定时期所发放的工资薪金是相对固定的，工资薪金的调整是有序进行的。

（4）企业对实际发放的工资薪金，已依法履行了代扣代缴个人所得税义务。

（5）有关工资薪金的安排，不以减少或逃避税款为目的。

2. 职工福利费、工会经费、职工教育经费

企业发生的职工福利费、工会经费、职工教育经费按标准扣除，未超过标准的按实际数扣除，超过标准的只能按标准扣除。

（1）企业发生的职工福利费支出，不超过工资薪金总额14%的部分准予扣除。

（2）企业拨缴的工会经费，不超过工资薪金总额2%的部分准予扣除。

（3）除国务院财政、税务主管部门另有规定外，企业发生的职工教育经费支出，不超过工资薪金总额8%的部分准予扣除，超过部分准予结转以后纳税年度扣除。

3. 社会保险费

（1）企业依照国务院有关主管部门或者省级人民政府规定的范围和标准为职工缴纳的五险一金，即基本养老保险费、基本医疗保险费、失业保险费、工伤保险费、生育保险费等基本社会保险费和住房公积金，准予扣除。

（2）企业为投资者或者职工支付的补充养老保险费、补充医疗保险费，在国务院财政、税务主管部门规定的范围和标准内准予扣除。企业依照国家有关规定为特殊工种职工支付的人身安全保险费和符合国务院财政、税务主管部门规定可以扣除的商业保险费准予扣除。

（3）企业参加财产保险，按照规定缴纳的保险费准予扣除；企业为投资者或者职工支付的商业保险费，不得扣除。

4. 借款费用和利息

不需要资本化的借款费用准予扣除；企业购建固定资产、无形资产和12个月以上

才能达到可销售状态的存货，在资产购置、建造期间的借款费用，计入资产成本，分期扣除；非金融企业向金融企业借款的利息支出、金融企业存款和同业拆借的利息支出、企业发行债券的利息支出，准予扣除；非金融企业向非金融企业借款的利息，不超过同期同类贷款利率的部分，准予扣除；除计入资产成本或者与利润分配相关的汇兑损失准予扣除。

5. 业务招待费

企业发生的与生产经营活动有关的业务招待费支出，按照发生额的60%扣除，但最高不得超过当年销售（营业）收入的5‰。

对从事股权投资业务的企业（包括集团公司总部、创业投资企业等），其从被投资企业所分配的股息、红利以及股权转让收入，可以按规定的比例计算业务招待费扣除限额。

企业筹建期间，发生的与筹办活动有关的业务招待费支出，可按实际发生额的60%计入企业筹办费，并按有关规定在税前扣除。

6. 广告费和业务宣传费

企业发生的符合条件的广告费和业务宣传费支出，除国务院财政、税务主管部门另有规定外，不超过当年销售（营业）收入15%的部分，准予扣除；超过部分，准予结转以后纳税年度扣除。

企业筹建期间发生的广告费和业务宣传费，可按实际发生额计入企业筹办费，可按上述规定在税前扣除。

企业申报扣除的广告费支出应与赞助支出严格区分。企业申报扣除的广告费支出，必须符合下列条件：广告是通过工商部门批准的专门机构制作的；已实际支付费用，并已取得相应发票；通过一定的媒体传播。

对部分行业广告和业务宣传费税前扣除的特殊规定如下：

（1）对化妆品制造与销售、医药制造和饮料制造（不含酒类制造，下同）企业发生的广告费和业务宣传费支出，不超过当年销售（营业）收入30%的部分，准予扣除；超过部分，准予在以后纳税年度结转扣除。

（2）对签订广告费和业务宣传费分摊协议（以下简称分摊协议）的关联企业，其中一方发生的不超过当年销售（营业）收入税前扣除限额比例内的广告费和业务宣传费支出可以在本企业扣除，也可以将其中的部分或全部按照分摊协议归集至另一方扣除；另一方在计算本企业广告费和业务宣传费支出企业所得税税前扣除限额时，可按照上述办法将归集至本企业的广告费和业务宣传费不计算在内。

（3）烟草企业的烟草广告费和业务宣传费支出，一律不得在计算应纳税所得额时扣除。

（4）企业筹建期间发生的广告费和业务宣传费，可按实际发生额计入企业筹办费，并按有关规定在税前扣除。

7. 汇兑损失

企业在货币交易中，以及纳税年度终了时将人民币以外的货币性资产、负债按照期末人民币汇率中间价折算为人民币时产生的汇兑损失，除已经计入有关资产成本以及与向所有者进行利润分配相关的部分外，准予扣除。

8. 公益性捐赠支出

公益性捐赠是指企业通过公益性社会团体或者县级（含县级）以上人民政府及其部门，用于《中华人民共和国公益事业捐赠法》规定的公益事业的捐赠。公益性团体是指基金会、慈善组织等依法登记，有法人资格，不以营利为目的，资产及其增值为法人所有，不经营无关业务，有健全的财务会计制度，捐赠者不以任何形式参与财产分配的组织。

企业发生的公益性捐赠支出，不超过年度利润总额12%的部分，准予扣除；超过年度利润总额12%的部分，准予结转以后三年内在计算应纳税所得额时扣除。年度利润总额是指企业依照国家统一会计制度的规定计算的年度会计利润。

9. 总机构分摊的费用

非居民企业在中国境内设立的机构、场所，就其中国境外总机构发生的与该机构、场所生产经营有关的费用，能够提供总机构出具的费用汇集范围、定额、分配依据和方法等证明文件并合理分摊的，准予扣除。

10. 有关资产的费用

企业转让各类固定资产发生的费用，准予扣除；企业按规定计算的固定资产折旧费、无形资产和递延资产的摊销费，准予扣除。

（三）不得扣除的项目

在计算应纳税所得额时，下列支出不得扣除：

（1）向投资者支付的股息、红利等权益性投资收益款项。

（2）企业所得税税款。

（3）税收滞纳金，即纳税人违反税收法规，被税务机关处以的滞纳金。

（4）罚金、罚款和被没收财物的损失，即纳税人违反国家有关法律、法规规定，被有关部门处以的罚款，以及被司法机关处以的罚金和被没收财物。

（5）赞助支出，即企业发生的与生产经营活动无关的各种非广告性质支出。

（6）未经核定的准备金支出，即不符合国务院财政、税务主管部门规定的各项资产减值准备、风险准备等准备金支出。

（7）企业之间支付的管理费、企业内营业机构之间支付的租金和特许权使用费，以及非银行企业内营业机构之间支付的利息，不得扣除。

(8) 与取得的收入无关的其他支出。

三、亏损弥补

亏损是指企业依照《企业所得税法》及其暂行条例的规定,将每一纳税年度的收入总额减除不征税收入、免税收入和各项扣除后小于零的数额。税法规定,企业某一纳税年度发生的亏损可以用下一年度的所得弥补,下一年度的所得不足以弥补的,可以逐年延续弥补,但最长不得超过5年。而且,企业在汇总计算缴纳企业所得税时,其境外营业机构的亏损不得抵减境内营业机构的盈利。

根据《财税〔2018〕76号关于延长高新技术企业和科技型中小企业亏损结转年限的通知》《国家税务总局公告〔2018〕45号》,自2018年1月1日起,当年具备高新技术企业或科技型中小企业资格(以下统称资格)的企业,其具备资格年度之前5个年度发生的尚未弥补完的亏损,准予结转以后年度弥补,最长结转年限由5年延长至10年,即2018年具备资格的企业,无论2013年至2017年是否具备资格,其2013年至2017年发生的尚未弥补完的亏损,均准予结转以后年度弥补,最长结转年限为10年。2018年以后年度具备资格的企业,依此类推,进行亏损结转弥补税务处理。

【任务实施】

(1) 完成初级税务专员基础与认知(CMAC三级)配套章节练习。

(2) 完成初级税务专员基础与认知(CMAC三级)平台任务(参考CMAC试题操作指南)。

任务四 掌握资产的税务处理

【任务描述】

(1) 掌握固定资产的税务处理;
(2) 了解生物资产的税务处理;
(3) 掌握无形资产的税务处理;
(4) 掌握存货的税务处理。

【知识储备】

资产是由于资本投资而形成的财产，对于资本性支出以及无形资产受让、开办、开发费用，不允许作为成本、费用从纳税人的收入总额中做一次性扣除，只能采取分次计提折旧或分次摊销的方式予以扣除，即纳税人经营活动中使用的固定资产的折旧费用、无形资产和长期待摊费用的摊销费用可以扣除。税法规定，纳入税务处理范围的资产形式主要有固定资产、生物资产、无形资产、长期待摊费用、投资资产、存货等，均以历史成本为计税基础。

历史成本是指企业取得该项资产时实际发生的支出。企业持有各项资产期间资产增值或者减值，除国务院财政、税务主管部门规定可以确认损益外，不得调整该资产的计税基础。

一、固定资产的税务处理

固定资产是指企业为生产产品、提供劳务、出租或者经营管理而持有的、使用时间超过12个月的非货币性资产，包括房屋、建筑物、机器、机械、运输工具以及其他与生产经营活动有关的设备、器具、工具等。

（一）固定资产计税基础

（1）外购的固定资产，以购买价款和支付的相关税费以及直接归属于使该资产达到预定用途发生的其他支出为计税基础。

（2）自行建造的固定资产，以竣工结算前发生的支出为计税基础。

（3）融资租入的固定资产，以租赁合同约定的付款总额和承租人在签订租赁合同过程中发生的相关费用为计税基础，租赁合同未约定付款总额的，以该资产的公允价值和承租人在签订租赁合同过程中发生的相关费用为计税基础。

（4）盘盈的固定资产，以同类固定资产的重置完全价值为计税基础。

（5）通过捐赠、投资、非货币性资产交换、债务重组等方式取得的固定资产，以该资产的公允价值和支付的相关税费为计税基础。

（6）改建的固定资产，除已足额提取折旧的固定资产和租入的固定资产以外的其他固定资产，以改建过程中发生的改建支出增加计税基础。

（二）固定资产折旧的范围

在计算应纳税所得额时，企业按照规定计算的固定资产折旧，准予扣除。下列固定资产不得计算折旧扣除：

(1）房屋、建筑物以外未投入使用的固定资产。

(2）以经营租赁方式租入的固定资产。

(3）以融资租赁方式租出的固定资产。

(4）已足额提取折旧仍继续使用的固定资产。

(5）与经营活动无关的固定资产。

(6）单独估价作为固定资产入账的土地。

(7）其他不得计算折旧扣除的固定资产。

（三）固定资产折旧的计提方法

(1）企业应当自固定资产投入使用月份的次月起计算折旧；停止使用的固定资产，应当自停止使用月份的次月起停止计算折旧。

(2）企业应当根据固定资产的性质和使用情况，合理确定固定资产的预计净残值。固定资产的预计净残值一经确定，不得变更。

(3）固定资产按照直线法计算的折旧，准予扣除。

（四）固定资产折旧的计提年限

除国务院财政、税务主管部门另有规定外，固定资产计算折旧的最低年限如下：

(1）房屋、建筑物为20年。

(2）飞机、火车、轮船、机器、机械和其他生产设备为10年。

(3）与生产经营活动有关的器具、工具、家具等为5年。

(4）飞机、火车、轮船以外的运输工具为4年。

(5）电子设备为3年。

（五）固定资产折旧的企业所得税处理

(1）企业固定资产会计折旧年限如果短于税法规定的最低折旧年限，其按会计折旧年限计提的折旧高于按税法规定的最低折旧年限计提的折旧部分，应调增当期应纳税所得额；企业固定资产会计折旧年限已期满且会计折旧已提足，但税法规定的最低折旧年限尚未到期且税收折旧尚未足额扣除，其未足额扣除的部分准予在剩余的税收折旧年限继续按规定扣除。

(2）企业固定资产会计折旧年限如果长于税法规定的最低折旧年限，其折旧应按会计折旧年限计算扣除，税法另有规定除外。

(3）企业按会计规定提取的固定资产减值准备，不得税前扣除，其折旧仍按税法确定的固定资产计税基础计算扣除。

（4）企业按税法规定实行加速折旧的，其按加速折旧办法计算的折旧额可全额在税前扣除。

（5）石油、天然气开采企业在计提油气资产折耗（折旧）时，由于会计与税法规定计算方法不同导致的折耗（折旧）差异，应按税法规定进行纳税调整。

（六）固定资产改扩建的税务处理

自 2011 年 7 月 1 日起，企业对房屋、建筑物固定资产在未足额提取折旧前进行改扩建的，如属于推倒重置的，该资产原值减除提取折旧后的净值，应并入重置后的固定资产计税成本，并在该固定资产投入使用后的次月起，按照税法规定的折旧年限，一并计提折旧；如属于提升功能、增加面积的，该固定资产的改扩建支出，并入该固定资产计税基础，并从改扩建完工投入使用后的次月起，重新按税法规定的该固定资产折旧年限计提折旧，如该改扩建后的固定资产尚可使用的年限低于税法规定的最低年限的，可以按尚可使用的年限计提折旧。

二、生物资产的税务处理

生物资产是指有生命的动物和植物。生物资产分为消耗性生物资产、生产性生物资产和公益性生物资产。消耗性生物资产是指为出售而持有的或在将来收获为农产品的生物资产，包括生长中的农田作物、蔬菜、用材林以及存栏待售的牲畜等；生产性生物资产是指为产出农产品、提供劳务或出租等目的而持有的生物资产，包括经济林、薪炭林、产畜和役畜等，公益性生物资产是指以防护、环境保护为主要目的的生物资产，包括防风固沙林、水土保持林和水源涵养林等。税法只对生产性生物资产作出了计税基础和折旧的规定。

（一）生物资产的计税基础

生产性生物资产按照以下方法确定计税基础：

（1）外购的生产性生物资产，以购买价款和支付的相关税费为计税基础。

（2）通过捐赠、投资、非货币性资产交换、债务重组等方式取得的生产性生物资产，以该资产的公允价值和支付的相关税费为计税基础。

（二）生物资产的折旧方法和折旧年限

生产性生物资产按照直线法计算的折旧，准予扣除。企业应当自生产性生物资产投入使用月份的次月起计算折旧；停止使用的生产性生物资产，应当自停止使用月份的次月起停止计算折旧。

企业应当根据生产性生物资产的性质和使用情况，合理确定生产性生物资产的预计净残值。生产性生物资产的预计净残值一经确定，不得变更。生产性生物资产计算折旧的最低年限如下：

（1）林木类生产性生物资产为 10 年。

（2）畜类生产性生物资产为 3 年。

三、无形资产的税务处理

无形资产是指企业长期使用、但没有实物形态的资产，包括专利权、商标权、著作权、土地使用权、非专利技术、商誉等。

（一）无形资产的计税基础

无形资产按照以下方法确定计税基础：

（1）外购的无形资产以购买价款和支付的相关税费以及直接归属于使该资产达到预定用途发生的其他支出为计税基础。

（2）自行开发的无形资产以开发过程中该资产符合资本化条件后至达到预定用途前发生的支出为计税基础。

（3）通过捐赠、投资、非货币性资产交换、债务重组等方式取得的无形资产，以该资产的公允价值和支付的相关税费为计税基础。

（二）无形资产摊销的范围

在计算应纳税所得额时，企业按照规定计算的无形资产摊销费用，准予扣除。

下列无形资产不得计算摊销费用扣除：

（1）自行开发的支出已在计算应纳税所得额时扣除的无形资产。

（2）自创商誉。

（3）与经营活动无关的无形资产。

（4）其他不得计算摊销费用扣除的无形资产。

（三）无形资产的摊销方法及年限

无形资产的摊销采取直线法计算，摊销年限不得低于 10 年。作为投资或者受让的无形资产，有关法律规定或者合同约定了使用年限的可以按照规定或者约定的使用年限分期摊销。外购商誉的支出，在企业整体转让或者清算时准予扣除。

四、长期待摊费用的税务处理

长期待摊费用是指企业发生的应在1个年度以上或几个年度进行摊销的费用。在计算应纳税所得额时，企业发生的下列支出作为长期待摊费用，按照规定摊销，准予扣除。

（1）已足额提取折旧的固定资产的改建支出。

（2）租入固定资产的改建支出。

（3）固定资产的大修理支出。

（4）其他应当作为长期待摊费用的支出。

企业的固定资产修理支出可在发生当期直接扣除。企业的固定资产改良支出，如果有关固定资产尚未提足折旧，可增加固定资产价值；如有关固定资产已提足折旧，可作为长期待摊费用，在规定的期间内平均摊销。

固定资产的改建支出是指改变房屋或者建筑物结构、延长使用年限等发生的支出。已足额提取折旧的固定资产的改建支出，按照固定资产预计尚可使用年限分期摊销；租入固定资产的改建支出，按照合同约定的剩余租赁期限分期摊销；改建的固定资产延长使用年限的，除已足额提取折旧的固定资产、租入固定资产的改建支出外，其他的固定资产发生改建支出，应当适当延长折旧年限。

大修理支出，按照固定资产尚可使用年限分期摊销。企业所得税法所指固定资产的大修理支出，是指同时符合下列条件的支出：修理支出达到取得固定资产时的计税基础50%以上；修理后固定资产的使用年限延长2年以上。

其他应当作为长期待摊费用的支出，自支出发生月份的次月起，分期摊销，摊销年限不得低于3年。

五、存货的税务处理

存货是指企业持有以备出售的产品或者商品、处在生产过程中的在产品、在生产或者提供劳务过程中耗用的材料和物料等。

（一）存货的计税基础

存货按照以下方法确定成本：

（1）通过支付现金方式取得的存货，以购买价款和支付的相关税费作为成本。

（2）通过支付现金以外的方式取得的存货，以该存货的公允价值和支付的相关税费作为成本。

（3）生产性生物资产收获的农产品，以产出或者采收过程中发生的材料费、人工费和分摊的间接费用等必要支出作为成本。

（二）存货的成本计算方法

企业使用或者销售的存货的成本计算方法，可以在先进先出法、加权平均法、个别计价法中选用一种。计算方法一经选用，不得随意变更。

企业转让以上资产，在计算企业应纳税所得额时，资产的净值允许扣除。其中，资产的净值是指有关资产、财产的计税基础减除已经按照规定扣除的折旧、折耗、摊销、准备金等之后的余额。

除国务院财政、税务主管部门另有规定外，企业在重组过程中，应当在交易发生时确认有关资产的转让所得或者损失，相关资产应当按照交易价格重新确定计税基础。

六、投资资产的税务处理

投资资产是指企业对外进行权益性投资和债权性投资而形成的资产。

（一）投资资产的成本

投资资产按以下方法确定投资成本：
（1）通过支付现金方式取得的投资资产，以购买价款作为成本。
（2）通过支付现金以外的方式取得的投资资产，以该资产的公允价值和支付的相关税费作为成本。

（二）投资资产成本的扣除方法

企业对外投资期间，投资资产的成本在计算应纳税所得额时不得扣除，企业在转让或者处置投资资产时，投资资产的成本准予扣除。

（三）投资企业撤回或减少投资的税务处理

自2011年7月1日起，投资企业从被投资企业撤回或减少投资，其取得的资产中，相当于初始出资的部分，应确认为投资收回；相当于被投资企业累计未分配利润和累计盈余公积按减少实收资本比例计算的部分，应确认为股息所得；其余部分确认为投资资产转让所得。

被投资企业发生的经营亏损,由被投资企业按规定结转弥补;投资企业不得调整减低其投资成本,也不得将其确认为投资损失。

(四)非货币性资产投资企业所得税处理

非货币性资产是指现金、银行存款、应收账款、应收票据以及准备持有至到期的债券投资等货币性资产以外的资产。

(1)居民企业(以下简称企业)以非货币性资产对外投资确认的非货币性资产转让所得,可在不超过5年期限内,分期均匀计入相应年度的应纳税所得额,按规定计算缴纳企业所得税。

(2)企业以非货币性资产对外投资,应对非货币性资产进行评估并按评估后的公允价值扣除计税基础后的余额,计算确认非货币性资产转让所得。企业以非货币性资产对外投资,应于投资协议生效并办理股权登记手续时,确认非货币性资产转让收入的实现。

(3)企业以非货币性资产对外投资而取得被投资企业的股权,应以非货币性资产的原计税成本为计税基础,加上每年确认的非货币性资产转让所得,逐年进行调整。被投资企业取得非货币性资产的计税基础,应按非货币性资产的公允价值确定。

(4)企业在对外投资5年内转让上述股权或投资收回的,应停止执行递延纳税政策,并就递延期内尚未确认的非货币性资产转让所得,在转让股权或投资收回当年的企业所得税年度汇算清缴时,一次性计算缴纳企业所得税;企业在对外投资5年内注销的,应停止执行递延纳税政策,并就递延期内尚未确认的非货币性资产转让所得,在注销当年的企业所得税年度汇算清缴时,一次性计算缴纳企业所得税。

(5)非货币性资产投资,限于以非货币性资产出资设立新的居民企业,或将非货币性资产注入现存的居民企业。

七、税法规定与会计规定差异的处理

税法规定与会计规定差异的处理是指企业在财务会计核算中与税法规定不一致的,应当依照税法规定予以调整。即企业在平时进行会计核算时,可以按会计制度的有关规定进行账务处理。但在申报纳税时,对税法规定和会计制度规定有差异的,要按税法规定进行纳税调整。

根据《企业所得税法》第二十一条规定,对企业依据财务会计制度规定,并实际在财务会计处理上已确认的支出,凡没有超过《企业所得税法》和有关税收法规规定的税前扣除范围和标准的，可按企业实际会计处理确认的支出，在企业所得税扣除前计算其应纳税所得额。

（1）企业不能提供完整、准确的收入及成本、费用凭证，不能正确计算应纳税所得额的，由税务机关核定其应纳税所得额。

（2）企业依法清算时，以其清算终了后的清算所得为应纳税所得额，按规定缴纳企业所得税。所谓清算所得是指企业的全部资产可变现价值或者交易价格减除资产净值、清算费用以及相关税费后的余额。投资方企业从被清算企业分得的剩余资产，其中相当于从被清算企业累计未分配利润和累计盈余公积中应当分得的部分，应当确认为股息所得；剩余资产减除上述股息所得后的余额，超过或者低于投资成本的部分，应当确认为投资资产转让所得或者损失。

（3）企业应纳税所得额是根据税收法规计算出来的，它在数额上与依据财务会计制度计算的利润总额往往不一致。因此，税法规定：对企业按照有关财务会计规定计算的利润总额，要按照税法的规定进行必要调整后，才能作为应纳税所得额计算缴纳所得税。

（4）自2011年7月1日起，企业当年实际发生的相关成本、费用，由于各种原因未能及时取得该成本、费用的有效凭证的，企业在预缴季度所得税时，可暂按账面发生金额进行核算；但在汇算清缴时，应补充提供该成本、费用的有效凭证。

【任务实施】

（1）完成初级税务专员基础与认知（CMAC三级）配套章节练习。

（2）完成初级税务专员基础与认知（CMAC三级）平台任务（参考CMAC试题操作指南）。

任务五 掌握资产损失税前扣除的所得税处理

【任务描述】

（1）了解资产损失的定义；

（2）了解资产损失扣除政策。

【知识储备】

一、资产损失的定义

资产损失是指企业在生产经营活动中实际发生的、与取得应税收入有关的资产损失，包括现金损失，存款损失，坏账损失，贷款损失，股权投资损失，固定资产和存货的盘亏、毁损、报废、被盗损失，自然灾害等不可抗力因素造成的损失以及其他损失。上述资产是指企业拥有或者控制的、用于经营管理活动且与取得应税收入有关的资产，包括现金、银行存款、应收及预付款项［包括应收票据、各类垫款（垫款、企业之间往来款项、无形资产）］等货币资产，存货、固定资产、在建工程、生产性生物资产等非货币资产，以及债权性投资和股权（权益）性投资。

二、资产损失扣除政策

资产损失扣除相关政策规定如下：

（1）企业清查出的现金短缺减除责任人赔偿后的余额，作为现金损失在计算应纳税所得额时扣除。

（2）企业将货币性资金存入法定具有吸收存款职能的机构，因该机构依法破产、清算，或者政府责令停业、关闭等原因，确实不能收回的部分，作为存款损失在计算应纳税所得额时扣除。

（3）企业除贷款类债权外的应收、预付账款符合下列条件之一的，减除可收回金额后确认的无法收回的应收、预付款项，可以作为坏账损失在计算应纳税所得额时扣除：

1）债务人依法宣告破产、关闭、解散、被撤销，或者被依法注销、吊销营业执照，其清算财产不足清偿的。

2）债务人死亡，或者依法被宣告失踪、死亡，其财产或者遗产不足清偿的。

3）债务人逾期3年以上未清偿，且有确凿证据证明已无力清偿债务的。

4）与债务人达成债务重组协议或法院批准破产重整计划后，无法追偿的。

5）因自然灾害、战争等不可抗力导致无法收回的。

6）国务院财政、税务主管部门规定的其他条件。

（4）企业经采取所有可能的措施和实施必要的程序之后，符合下列条件之一的贷款类债权，可以作为贷款损失在计算应纳税所得额时扣除：

1）借款人和担保人依法宣告破产、关闭、解散、被撤销，并终止法人资格，或者已完全停止经营活动,被依法注销、吊销营业执照,对借款人和担保人进行追偿后,未能收回的债权。

2)借款人死亡,或者依法被宣告失踪、死亡,依法对其财产或者遗产进行清偿,并对担保人进行追偿后,未能收回的债权。

3)借款人遭受重大自然灾害或者意外事故,损失巨大且不能获得保险补偿。或者以保险赔偿后,确实无力偿还部分或者全部债务,对借款人财产进行清偿和对担保人进行追偿后,未能收回的债权。

4)借款人触犯刑律,依法受到制裁,其财产不足归还所借债务,又无其他债务承担者,经追偿后确实无法收回的债权。

5)法院对借款人和担保人强制执行。借款人和担保人均无财产可执行,法院裁定执行程序终结或终止(中止)后,仍无法收回的债权。

6)由于借款人和担保人不能偿还到期债务,企业诉诸法律后,经法院调解或经债权人会议通过,与借款人和担保人达成和解协议或重整协议,在借款人和担保人履行完还款义务后,无法追偿的剩余债权。

(5)对企业盘亏的固定资产或存货,以该固定资产的账面净值或存货的成本减除责任人赔偿后的余额,作为固定资产或存货盘亏损失在计算应纳税所得额时扣除。

(6)对企业毁损、报废的固定资产或存货,以该固定资产的账面净值或存货的成本减除残值、保险赔款和责任人赔偿后的余额,作为固定资产或存货毁损、报废损失在计算应纳税所得额时扣除。

(7)对企业被盗的固定资产或存货,以该固定资产的账面净值或存货的成本减除保险赔款和责任人赔偿后的余额,作为固定资产或存货被盗损失在计算应纳税所得额时扣除。

(8)企业因存货盘亏、毁损、报废、被盗等原因不得从增值税销项税额中抵扣的进项税额,可以与存货损失一起在计算应纳税所得额时扣除。

(9)企业在计算应纳税所得额时已经扣除的资产损失,在以后纳税年度全部或者部分收回时,其收回部分应当作为收入计入收回当期的应纳税所得额。

(10)企业境内、境外营业机构发生的资产损失应分开核算。对境外营业机构由于发生资产损失而产生的亏损,不得在计算境内应纳税所得额时扣除。

(11)企业对其扣除的各项资产损失,应当提供能够证明资产损失确属已实际发生的合法证据,包括具有法律效力的外部证据、具有法定资质的中介机构的经济鉴证证明、具有法定资质的专业机构的技术鉴定证明等。

【任务实施】

(1)完成初级税务专员基础与认知(CMAC三级)配套章节练习。

（2）完成初级税务专员基础与认知（CMAC 三级）平台任务（参考 CMAC 试题操作指南）。

任务六　掌握企业所得税的税收优惠

【任务描述】

掌握企业所得税税收优惠政策。

【知识储备】

税收优惠是指国家对某一部分特定企业和课税对象给予减轻或免除税收负担的一种措施。税法规定的企业所得税的税收优惠方式包括免税、减税、加计扣除、加速折旧、减计收入、税额抵免等。

一、免征与减征优惠

企业的下列所得可以免征、减征企业所得税。企业如果从事国家限制和禁止发展的项目，不得享受企业所得税优惠。

（一）从事农、林、牧、渔业项目的所得

企业从事农、林、牧、渔业项目的所得包括免征和减征两部分。

企业从事下列项目的所得，免征企业所得税：

1）蔬菜、谷物、薯类、油料、豆类、棉花、麻类、糖料、水果、坚果的种植。
2）农作物新品种的选育。
3）中药材的种植。
4）林木的培育和种植。
5）牲畜、家禽的饲养。
6）林产品的采集。
7）灌溉、农产品初加工、兽医、农技推广、农机作业和维修等农、林、牧、渔服务业项目。

8）远洋捕捞。

（二）从事国家重点扶持的公共基础设施项目投资经营的所得

《企业所得税法》规定的国家重点扶持的公共基础设施项目是指《公共基础设施项目企业所得税优惠目录》规定的港口码头、机场、铁路、公路、电力、水利等项目。

（1）企业从事国家重点扶持的公共基础设施项目的投资经营所得，自项目取得第一笔生产经营收入所属纳税年度起，第1~3年免征企业所得税，第4~6年减半征收企业所得税。

（2）企业承包经营、建设和内部自建自用本条规定的项目，不得享受本条规定的企业所得税优惠。

（三）从事符合条件的环境保护、节能节水项目的所得

环境保护、节能节水项目的所得，自项目取得第一笔生产经营收入所属纳税年度起，第1~3年免征企业所得税，第4~6年减半征收企业所得税。

符合条件的环境保护、节能节水项目，包括公共污水处理、公共垃圾处理、沼气综合开发利用、节能减排技术改造、海水淡化等。项目的具体条件和范围由国务院财政、税务主管部门商国务院有关部门制定，报国务院批准后公布施行。

但是以上规定享受减免税优惠的项目，在减免税期限内转让的，受让方自受让之日起，可以在剩余期限内享受规定的减免税优惠；减免税期限届满后转让的，受让方不得就该项目重复享受减免税优惠。

（四）符合条件的技术转让所得

《企业所得税法》规定的符合条件的技术转让所得免征、减征企业所得税，是指一个纳税年度内，居民企业转让技术所有权所得不超过500万元的部分，免征企业所得税；超过500万元的部分，减半征收企业所得税。

（五）集成电路生产企业的所得

2018年1月1日后投资新设的集成电路线宽小于130纳米，且经营期在10年以上的集成电路生产企业或项目，第1~2年免征企业所得税，第3~5年按照25%的法定税率减半征收企业所得税，并享受至期满为止。

2018年1月1日后投资新设的集成电路线宽小于65纳米或投资额超过150亿元，且经营期在15年以上的集成电路生产企业或项目，第1~5年免征企业所得税，第6~10年按照25%的法定税率减半征收企业所得税，并享受至期满为止。

2017年12月31日前设立但未获利的集成电路线宽小于0.25微米或投资额超过80亿元，且经营期在15年以上的集成电路生产企业，自获利年度起第1~5年免征企业所得税，第6~10年按照25%的法定税率减半征收企业所得税，并享受至期满为止。

（六）保险保障基金企业的所得

为支持保险保障基金发展，增强行业经营风险防范能力，自2018年1月1日起至2020年12月31日止执行对中国保险保障基金有限责任公司（以下简称保险保障基金公司）根据《保险保障基金管理办法》取得的下列收入，免征企业所得税。

（1）境内保险公司依法缴纳的保险保障基金。
（2）依法从撤销或破产保险公司清算财产中获得的受偿收入和向有关责任方追偿所得，以及依法从保险公司风险处置中获得的财产转让所得。
（3）接受捐赠收入。
（4）银行存款利息收入。
（5）购买政府债券、中央银行、中央企业和中央级金融机构发行债券的利息收入。
（6）国务院批准的其他资金运用取得的收入。

二、高新技术企业优惠

国家需要重点扶持的高新技术企业减按15%的税率征收企业所得税。

国家需要重点扶持的高新技术企业是指拥有核心自主知识产权，并同时符合下列六方面条件的企业：

（1）产品（服务）属于《国家重点支持的高新技术领域》规定的范围。
（2）研究开发费用占收入的比例不低于规定比例。
（3）高新技术产品（服务）收入的比例不低于规定比例。
（4）科技人员占企业职工总数的比例不低于规定比例。
（5）高新技术企业认定管理办法规定的其他条件。

《国家重点支持的高新技术领域》和高新技术企业认定管理办法由国务院科技、财政、税务主管部门商国务院有关部门制定，报国务院批准后公布施行。

三、小型微利企业优惠

小型微利企业减按20%的税率征收企业所得税。小型微利企业的认定条件如下：

（1）工业企业，年度应纳税所得额不超过100万元，从业人数不超过100人，资产总额不超过3 000万元。

（2）其他企业，年度应纳税所得额不超过100万元，从业人数不超过80人，资产总额不超过1 000万元。

上述"从业人数"按企业全年平均从业人数计算，"资产总额"按企业年初和年末的资产总额平均计算。

根据《财政部税务总局关于进一步扩大小型微利企业企业所得税优惠政策范围的通知》（财税〔2018〕77号）可知，自2018年1月1日至2020年12月31日，将小型微利企业的年应纳税所得额上限由50万元提高至100万元，对年应纳税所得额低于100万元（含100万元）的小型微利企业，其所得减按50%计入应纳税所得额，按20%的税率缴纳企业所得税。

小型微利企业是指企业的全部生产经营活动产生的所得均负有我国企业所得税纳税义务的企业。仅就来源于我国所得负有我国纳税义务的非居民企业，不适用上述规定。

四、加计扣除优惠

企业所得税加计扣除优惠包括以下两项内容：

（一）研究开发费

研究开发费是指企业为开发新技术、新产品、新工艺发生的研究开发费，未形成无形资产计入当期损益的，在按规定据实扣除的基础上，按照本年度实际发生额的50%，从本年度应纳税所得额中扣除；形成无形资产的，按照无形资产成本的150%在税前摊销。

根据《财政部税务总局科技部关于提高研究开发费用税前加计扣除比例的通知》（财税〔2018〕99号），企业开展研发活动中实际发生的研发费用，未形成无形资产计入当期损益的，在按规定据实扣除的基础上，在2018年1月1日至2020年12月31日期间，再按照实际发生额的75%在税前加计扣除；形成无形资产的，在上述期间按照无形资产成本的175%在税前摊销。

（二）企业安置残疾人员所支付的工资

企业安置残疾人员所支付工资费用的加计扣除是指企业安置残疾人员的，在按照支付给残疾职工工资据实扣除的基础上，按照支付给残疾职工工资的100%加计扣除。

残疾人员的范围适用《中华人民共和国残疾人保障法》的有关规定。企业安置国家鼓励安置的其他就业人员所支付的工资的加计扣除办法，由国务院另行规定。

五、创投企业优惠

创业投资企业从事国家需要重点扶持和鼓励的创业投资，可以按投资额的一定比例抵扣应纳税所得额。

创投企业优惠是指创业投资企业采取股权投资方式投资于未上市的中小高新技术企业2年以上的，可以按照其投资额的70%在股权持有满2年的当年抵扣该创业投资企业的应纳税所得额；当年不足抵扣的，可以在以后纳税年度结转抵扣。

例如，甲企业2008年1月1日向乙企业（未上市的中小高新技术企业）投资100万元，股权持有到2009年12月31日。甲企业2009年度可抵扣的应纳税所得额为70万元。

六、加速折旧

由于技术进步、产品更新换代较快的固定资产和常年处于强震动、高腐蚀状态的固定资产，可缩短折旧年限提取折旧，但最低折旧年限不得低于规定年限的60%；也可采用双倍余额递减法或者年数总和法等加速折旧法提取折旧。

对所有行业企业持有的单位价值不超过5 000元的固定资产，允许一次性计入当期成本费用在计算应纳税所得额时扣除，不再分年度计算折旧。

七、资源综合利用优惠

企业综合利用资源，生产符合国家产业政策规定的产品所取得的收入，可以在计算应纳税所得额时减计收入。

综合利用资源是指企业以《资源综合利用企业所得税优惠目录》规定的资源作为主要原材料，生产国家非限制和禁止并符合国家和行业相关标准的产品取得的收入，减按90%计入收入总额。

八、税额抵免优惠

税额抵免是指企业购置并实际使用《环境保护专用设备企业所得税优惠目录》《节能节水专用设备企业所得税优惠目录》和《安全生产专用设备企业所得税优惠目录》

规定的环境保护、节能节水、安全生产等专用设备的，该专用设备的投资额的10%可以从企业当年的应纳税额中抵免；当年不足抵免的，可以在以后5个纳税年度结转抵免。

享受前款规定的企业所得税优惠的企业，应当实际购置并自身实际投入使用前款规定的专用设备；企业购置上述专用设备在5年内转让、出租的，应当停止享受企业所得税优惠，并补缴已经抵免的企业所得税税款。转让的受让方可以按照该专用设备投资额的10%抵免当年企业所得税应纳税额；当年应纳税额不足抵免的，可以在以后5个纳税年度结转抵免。

企业所得税优惠目录由国务院财政、税务主管部门商国务院有关部门制定，报国务院批准后公布施行。

九、非居民企业优惠

非居民企业减按10%的税率征收企业所得税，并且非居民企业取得下列所得免征企业所得税。

（1）外国政府向中国政府提供贷款取得的利息所得。

（2）国际金融组织向中国政府和居民企业提供优惠贷款取得的利息所得。

（3）经国务院批准的其他所得。

十、其他优惠

（1）享受企业所得税过渡优惠政策的企业，应按照新税法和实施条例中有关收入和扣除的规定计算应纳税所得额。

（2）企业所得税过渡优惠政策与新税法及实施条例规定的优惠政策存在交叉的，由企业选择最优惠的政策执行，不得叠加享受，且一经选择，不得改变。

（3）法律设置的发展对外经济合作和技术交流的特定地区内，以及国务院已规定执行上述地区特殊政策的地区内新设立的国家需要重点扶持的高新技术企业，可以享受过渡性税收优惠，具体办法由国务院规定。

（4）国家已确定的其他鼓励类企业，可以按照国务院规定享受减免税优惠。

（5）对企业取得的2009年及以后年度发行的地方政府债券利息所得，免征企业所得税。地方政府债券是指经国务院批准，以省、自治区、直辖市和计划单列市政府为发行和偿还主体的债券。

【任务实施】

（1）完成初级税务专员基础与认知（CMAC 三级）配套章节练习。

（2）完成初级税务专员基础与认知（CMAC 三级）平台任务（参考 CMAC 试题操作指南）。

任务七　计算企业所得税的应纳税额

【任务描述】

（1）掌握居民企业应纳税额的计算；

（2）掌握境外所得抵扣税额的计算；

（3）了解居民企业核定征收应纳税额的计算。

【知识储备】

一、居民企业应纳税额的计算

根据《中华人民共和国企业所得税法》的规定，居民企业应纳税额等于应纳税所得额乘以适用税率，减除依照本法关于税收优惠的规定减免的税额后的余额。基本计算公式为：

应纳税额 = 应纳税所得额 × 适用税率 – 减免税额 – 抵免税额

根据计算公式可以看出，应纳税额的多少，取决于应纳税所得额和适用税率两个因素。在实际过程中，应纳税所得额的计算一般有两种方法。

（一）直接计算法

在直接计算法下，企业每一纳税年度的收入总额减除不征税收入、免税收入、各项扣除以及允许弥补的以前年度亏损后的余额为应纳税所得额。计算公式与前述相同，即为：

应纳税所得额 = 收入总额 – 不征税收入 – 免税收入 – 各项扣除金额
　　　　　　　– 允许弥补的以前年度亏报

（二）间接计算法

在间接计算法下，在会计利润总额的基础上加或减按照税法规定调整的项目金额后，即为应纳税所得额。计算公式为：

$$应纳税所得额 = 会计利润总额 \pm 纳税调整项目金额$$

纳税调整项目金额包括两方面的内容：一是企业的财务会计处理和税收规定不一致的应予以调整的金额；二是企业按税法规定准予扣除的税收金额。

【例题 5-1】 综合题

某企业为居民企业，2019 年发生经营业务如下：

①取得产品销售收入 4 000 万元。

②发生产品销售成本 2 600 万元。

③发生销售费用 770 万元（其中广告费 650 万元）；管理费用 480 万元（其中业务招待费 25 万元）；财务费用 60 万元。

④销售税金 160 万元（含增值税 120 万元）。

⑤营业外收入 80 万元，营业外支出 50 万元（含通过公益性社会团体向贫困山区捐款 30 万元，支付税收滞纳金 6 万元）。

⑥计入成本、费用中的实发工资总额 200 万元、缓缴职工工会经费 5 万元、发生职工福利费 31 万元、发生职工教育经费 7 万元。

要求：计算该企业 2019 年度实际应纳的企业所得税。

①会计利润总额 =4 000+80−2 600−770−480−60−40−50=80（万元）

②广告费和业务宣传费调增所得额 =650−4 000×15%=50（万元）

③业务招待费调增所得额 =25−25×60%=10（万元）

　　4 000×5‰=20（万元）＞ 25×60%=15（万元）

④捐赠支出应调增所得额 =30−80×12%=20.4（万元）

⑤工会经费应调增所得额 =5−200×2%=1（万元）

⑥职工福利费应调增所得额 =31−200×14%=3（万元）

⑦职工教育经费 7 万元＜ 200 万元 ×8%=16 万元，允许扣除 7 万元，无须调整。

⑧ 2018 年应缴企业所得税 =（80+50+10+20.4+6+1+3）×25%=42.6（万元）

二、境外所得抵扣税额的计算

企业取得的下列所得已在境外缴纳的所得税税额，可以从其当期应纳税额中抵免，抵免限额为该项所得依照《企业所得税法》规定计算的应纳税额；超过抵免限额的部分，可以在以后 5 个年度内，用每年度抵免限额抵免当年应抵税额后的余额进行抵补：

（1）居民企业来源于中国境外的应税所得。

（2）非居民企业在中国境内设立机构、场所，取得发生在中国境外但与该机构、场所有实际联系的应税所得。

居民企业从其直接或者间接控制的外国企业分得的来源于中国境外的股息、红利等权益性投资收益，外国企业在境外实际缴纳的所得税税额中属于该项所得负担的部分，可以作为该居民企业的可抵免境外所得税税额，在企业所得税法规定的抵免限额内抵免。

上述所称直接控制是指居民企业直接持有外国企业 20% 以上股份。

上述所称间接控制是指居民企业以间接持股方式持有外国企业 20% 以上股份，具体认定办法由国务院财政、税务主管部门另行制定。

已在境外缴纳的所得税税额是指企业来源于中国境外的所得依照中国境外税收法律以及相关规定应当缴纳并已经实际缴纳的企业所得税性质的税款。企业依照《企业所得税法》的规定抵免企业所得税税额时，应当提供中国境外税务机关出具的税款所属年度的有关纳税凭证。

抵免限额是指企业来源于中国境外的所得，依照《企业所得税法》和实施条例的规定计算的应纳税额。除国务院财政、税务主管部门另有规定外，该抵免限额应当分国（地区）不分项计算，计算公式为：

抵免限额 = 中国境内、境外所得依照企业所得税法和条例规定计算的应纳税总额 × 来源于某国（地区）的应纳税所得额 ÷ 中国境内、境外应纳税所得总额

前述 5 个年度是指从企业取得的来源于中国境外的所得，已经在中国境外缴纳的企业所得税性质的税额超过抵免限额的当年的次年起连续 5 个纳税年度。

三、居民企业核定征收应纳税额的计算

为了加强企业所得税征收管理，规范核定征收企业所得税工作，保障国家税款及时足额入库，维护纳税人合法权益，根据《企业所得税法》及其实施条例、《税收征收管理法》及其实施细则的有关规定，核定征收企业所得税的有关规定如下：

（一）核定征收企业所得税的范围

核定征收办法适用于居民企业纳税人，纳税人具有下列情形之一的，核定征收企

业所得税:

(1)依照法律、行政法规的规定可以不设置账簿的。

(2)依照法律、行政法规的规定应当设置但未设置账簿的。

(3)擅自销毁账簿或者拒不提供纳税资料的。

(4)虽设置账簿,但账目混乱或者成本资料、收入凭证、费用凭证残缺不全,难以查账的。

(5)发生纳税义务,未按照规定的期限办理纳税申报,经税务机关责令限期申报,逾期仍不申报的。

(6)申报的计税依据明显偏低,又无正当理由的。

特殊行业、特殊类型的纳税人和一定规模以上的纳税人不适用核定征收办法,上述特定纳税人由国家税务总局另行明确。

(二)核定征收的办法

税务机关应根据纳税人具体情况,对核定征收企业所得税的纳税人,核定应税所得率或者核定应纳所得税额。

(1)具有下列情形之一的,核定其应税所得率。

1)能正确核算(查实)收入总额,但不能正确核算(查实)成本费用总额的。

2)能正确核算(查实)成本费用总额,但不能正确核算(查实)收入总额的。

3)通过合理方法,能计算和推定纳税人收入总额或成本费用总额的。

纳税人不属于以上情形的,核定其应纳所得税额。

(2)税务机关采用下列方法核定征收企业所得税:

1)参照当地同类行业或者类似行业中经营规模和收入水平相近的纳税人的税负水平核定。

2)按照应税收入额或成本费用支出额定率核定。

3)按照耗用的原材料、燃料、动力等推算或测算核定。

4)按照其他合理方法核定。

采用前款所列一种方法不足以正确核定应纳税所得额或应纳税额的,可以同时采用两种以上的方法核定。采用两种以上方法测算的应纳税额不一致时,可按测算的应纳税额从高核定。

采用应税所得率方式核定征收企业所得税的,应纳所得税额计算公式为:

$$应纳所得税额 = 应纳税所得额 \times 适用税率$$

$$应纳税所得额 = 应税收入额 \times 应税所得率$$

或：

应纳税所得额 = 成本（费用）支出额 / (1- 应税所得率) × 应税所得率

实行应税所得率方式核定征收企业所得税的纳税人，经营多业的，无论其经营项目是否单独核算，均由税务机关根据其主营项目确定适用的应税所得率。

主营项目应为纳税人所有经营项目中，收入总额或者成本（费用）支出额或者耗用原材料、燃料、动力数量所占比重最大的项目。

应税所得率按表 5-1 规定的幅度标准确定。

表 5-1　各行业应税所得率幅度表

行业	应税所得率（%）
农、林、牧、渔业	3～10
制造业	5～15
批发和零售贸易业	4～15
交通运输业	7～15
建筑业	8～20
饮食业	8～25
娱乐业	15～30
其他行业	10～30

纳税人的生产经营范围、主营业务发生重大变化，或者应纳税所得额或应纳税额增减变化达到 20% 的，应及时向税务机关申报调整已确定的应纳税额或应税所得率。

【任务实施】

（1）完成初级税务专员基础与认知（CMAC 三级）配套章节练习。

（2）完成初级税务专员基础与认知（CMAC 三级）平台任务（参考 CMAC 试题操作指南）。

任务八　了解企业所得税的征收管理

【任务描述】

（1）了解企业所得税纳税地点；

（2）掌握企业所得税纳税期限；

（3）掌握企业所得税纳税申报。

【知识储备】

一、纳税地点

（1）除税收法律、行政法规另有规定外，居民企业以企业登记注册地为纳税地点；但登记注册地在境外的，以实际管理机构所在地为纳税地点。企业注册登记地是指企业依照国家有关规定登记注册的住所地。

（2）居民企业在中国境内设立不具有法人资格的营业机构的，应当汇总计算并缴纳企业所得税。企业汇总计算并缴纳企业所得税时，应当统一核算应纳税所得额，具体办法由国务院财政、税务主管部门另行制定。

（3）非居民企业在中国境内设立机构、场所的，应当就其所设机构、场所取得的来源于中国境内的所得，以及发生在中国境外但与其所设机构、场所有实际联系的所得，以机构、场所所在地为纳税地点。非居民企业在中国境内设立两个或者两个以上机构、场所的，经税务机关审核批准，可以选择由其主要机构、场所汇总缴纳企业所得税。非居民企业经批准汇总缴纳企业所得税后，需要增设、合并、迁移、关闭机构、场所或者停止机构、场所业务的，应当事先由负责汇总申报缴纳企业所得税的主要机构、场所向其所在地税务机关报告；需要变更汇总缴纳企业所得税的主要机构、场所的，依照前款规定办理。

（4）非居民企业在中国境内未设立机构、场所的，或者虽设立机构、场所但取得的所得与其所设机构、场所没有实际联系的所得，以扣缴义务人所在地为纳税地点。

（5）除国务院另有规定外，企业之间不得合并缴纳企业所得税。

二、纳税期限

企业所得税按年计征，分月或者分季预缴，年终汇算清缴，多退少补。

企业所得税的纳税年度，自公历1月1日起至12月31日止。企业在一个纳税年度的中间开业，或者由于合并、关闭等原因终止经营活动，使该纳税年度的实际经营期不足12个月的，应当以其实际经营期为1个纳税年度。企业清算时，应当以清算期间作为1个纳税年度。

自年度终了之日起5个月内，向税务机关报送年度企业所得税纳税申报表，并汇算清缴，结清应缴应退税款。

企业在年度中间终止经营活动的，应当自实际经营终止之日起60日内，向税务机关办理当期企业所得税汇算清缴。

三、纳税申报

按月或按季预缴的，应当自月份或者季度终了之日起15日内，向税务机关报送预缴企业所得税纳税申报表，预缴税款。

企业在报送企业所得税纳税申报表时，应当按照规定附送财务会计报告和其他有关资料。

企业应当在办理注销登记前，就其清算所得向税务机关申报并依法缴纳企业所得税。

依照企业所得税法缴纳的企业所得税，以人民币计算。所得以人民币以外的货币计算的，应当折合成人民币计算并缴纳税款。

企业在纳税年度内无论盈利或者亏损，都应当依照《企业所得税法》第五十四条规定的期限，向税务机关报送预缴企业所得税纳税申报表、年度企业所得税纳税申报表、财务会计报告和税务机关规定应当报送的其他有关资料。

【任务实施】

（1）完成初级税务专员基础与认知（CMAC三级）配套章节练习。

（2）完成初级税务专员基础与认知（CMAC三级）平台任务（参考CMAC试题操作指南）。

（3）练习《V3.7企业所得税年度（A类）网上申报教学版案例01》，平台软件使用税务软件平台进行练习，打印实训报告，要求如下：

1）进行系统评分后打印实训报告封面。

2）打印《V3.7企业所得税年度（A类）网上申报教学版案例01》申报主表及其附表。

【知识扩展】

所得税制度的历史沿革

  企业所得税是1799年英国为筹集军费而创设的一个税种，至今已有几百年的历史，企业所得税也已经成为一个国际上通行的税种。由于企业所得税是国家参与企业利润分配并直接调节企业利润的一个重要税种，对于国家与企业之间的分配关系有着重要的影响。

  中国所得税制度的创建受欧美国家和日本的影响，始于20世纪初。清末曾经起草过《所得税章程》，其中既包括对企业所得征税的内容，也包括对个人所得征税的内容，但是未能公布施行。

  1911年辛亥革命爆发后，曾经以上述章程为基础制定过《所得税条例》，并于1914年初公布，但是在此后的20多年间未能真正实行。

  1936年7月21日，国民政府公布《所得税暂行条例》，按照不同的征税项目，分别从同年10月1日和次年1月1日起开征。至此，揭开了征收所得税的序幕。

项目六

个人所得税

任务一 掌握个人所得税的纳税义务人与征税范围

【任务描述】
（1）掌握个人所得税纳税义务人；
（2）掌握个人所得税征税范围；
（3）了解所得税来源地确定。

【知识储备】

个人所得税是以自然人取得的各类应税所得为征税对象而征收的一种所得税，是政府利用税收对个人收入进行调节的一种手段。个人所得税的纳税人不仅包括个人还包括具有自然人性质的企业。从世界范围看个人所得税的税制模式有三种：分类征收制、综合征收制与混合征收制。分类征收制就是将纳税人不同来源、性质的所得项目，分别规定不同的税率征税；综合征收制是对纳税人全年的各项所得加以汇总，就其总额进行征税；混合征收制是对纳税人不同来源、性质的所得先分别按照不同的税率征税，然后将全年的各项所得进行汇总征税。三种不同的征收模式各有其优缺点。目前，我国个人所得税的征收改革方向是由分类征收制向分类与综合相结合的模式转变。个人所得税在组织财政收入、提高公民纳税意识，尤其在调节个人收入分配差距方面具有重要作用。

一、纳税义务人

个人所得税的纳税义务人包括中国公民、个体工商业户、个人独资企业、合伙企业投资者、在中国有所得的外籍人员（包括无国籍人员，下同）和我国香港、澳门、台湾地区的同胞。上述纳税义务人依据住所和居住时间两个标准，区分为居民和非居民，分别承担不同的纳税义务。

（一）居民纳税义务人

居民纳税义务人负有无限纳税义务，其所取得的应纳税所得，无论是来源于中国境内还是中国境外任何地方，都要在中国缴纳个人所得税。根据《个人所得税法》规定，居民纳税义务人是指在中国境内有住所，或者无住所而一个纳税年度在中国境内居住累计满一百八十三天的个人。

（二）非居民纳税义务人

非居民纳税义务人是指不符合居民纳税义务人判定标准（条件）的纳税义务人。《个人所得税法》规定，非居民纳税义务人是指在中国境内无住所又不居住，或无住所而一个纳税年度内在中国境内居住累计不满一百八十三天的个人。也就是说，非居民纳税义务人是指习惯性居住地不在中国境内，而且不在中国居住，或者在一个纳税年度内，在中国境内居住不满一百八十三天的个人。

非居民纳税义务人承担有限纳税义务，仅就其来源于中国境内的所得，向中国政府缴纳个人所得税。

二、征税范围

下列各项个人所得应纳个人所得税。

（一）工资、薪金所得

工资、薪金所得是指个人因任职或者受雇而取得的工资、薪金、奖金、年终加薪、劳动分红、津贴、补贴以及与任职或者受雇有关的其他所得。除工资、薪金以外，奖金、年终加薪、劳动分红、津贴、补贴也被确定为工资、薪金范畴。其中，年终加薪、劳动分红不分种类和取得情况，一律按工资、薪金所得课税，津贴补贴等则有例外。根据我国目前个人收入的构成情况，规定对一些不属于工资、薪金性质的补贴、津贴或者不属于纳税人本人工资、薪金所得项目的收入，不予征税。这些项目包括：

（1）独生子女补贴。

（2）执行公务员工资制度未纳入基本工资总额的补贴、津贴差额和家属成员的副食品补贴。

（3）托儿补助费。

（4）差旅费津贴、误餐补助。其中，误餐补助是指按照财政部规定，个人因公在城区、郊区工作，不能在工作单位或返回就餐的，根据实际误餐顿数，按规定的标准领取的误餐费。单位以误餐补助名义发给职工的补助、津贴不能包括在内。按照法律规定，单位为个人缴付和个人缴付的基本养老保险费、基本医疗保险费、失业保险费、住房公积金，允许从纳税人的应纳税所得额中扣除。

（二）经营所得

（1）个体工商户从事生产、经营活动取得的所得，个人独资企业投资人、合伙企业的个人合伙人、来源于境内注册的个人独资企业、合伙企业生产、经营的所得。

（2）个人依法从事办学、医疗、咨询以及其他有偿服务活动取得的所得。

（3）个人对企业、事业单位承包经营、承租经营以及转包、转租取得的所得。

（4）个人从事其他生产、经营活动取得的所得。

（三）劳务报酬所得

劳务报酬所得是指个人独立从事各种非雇佣的各种劳务所取得的所得。内容如下：

（1）设计。它是指按照客户的要求，代为制订工程、工艺等各类设计业务。

（2）装潢。它是指接受委托，对物体进行装饰、修饰，使之美观或具有特定用途的作业。

（3）安装。它是指按照客户要求，对各种机器、设备的装配、安置，以及与机器、设备相连的附属设施的装设和被安装机器设备的绝缘、防腐、保温、油漆等工程作业。

（4）制图。它是指受托按实物或设想物体的形象，依体积、面积、距离等，用一定比例绘制成平面图、立体图、透视图等的业务。

（5）化验。它是指受托用物理或化学的方法，检验物质的成分和性质等业务。

（6）测试。它是指利用仪器仪表或其他手段代客对物品的性能和质量进行检测试验的业务。

（7）医疗。它是指从事各种病情诊断、治疗等医护业务。

（8）法律。它是指受托担任辩护律师、法律顾问，撰写辩护词、起诉书等法律文书的业务。

（9）会计。它是指受托从事会计核算的业务。

（10）咨询。它是指对客户揭出的政治、经济、科技、法律、会计、文化等方面的问题进行解答、说明的业务。

（11）讲学。它是指应邀（聘）进行讲课、做报告、介绍情况等业务。

（12）新闻。它是指提供新闻信息、编写新闻消息的业务。

（13）广播。它是指从事播音等劳务。

（14）翻译。它是指受托从事中、外语言或文字的翻译（包括笔译和口译）的业务。

（15）审稿。它是指对文字作品或图形作品进行审查、核对的业务。

（16）书画。它是指按客户要求，或自行从事书法、绘画、题词等业务。

（17）雕刻。它是指代客镌刻图章、牌匾、碑、玉器、雕塑等业务。

（18）影视。它是指应邀或应聘在电影、电视节目中出任演员，或担任导演、音响、化妆、道具、制作、摄影等与拍摄影视节目有关的业务。

（19）录音。它是指用录音器械代客录制各种音响带的业务，或者应邀演讲、演唱、采访而被录音的服务。

（20）录像。它是指用录像器械代客录制各种图像、节目的业务，或者应邀表演、采访被录像的业务。

（21）演出。它是指参加戏剧、音乐、舞蹈、曲艺等文艺演出活动的业务。

（22）表演。它是指从事杂技、体育、武术、健美、时装、气功以及其他技巧性表演活动的业务。

（23）广告。它是指利用图书、报纸、杂志、广播、电视、电影、招贴、路牌、橱窗、霓虹灯、灯箱、墙面及其他载体，为介绍商品、经营服务项目、文体节目或通告、声明等事项，所做的宣传和提供相关服务的业务。

（24）展览。它是指举办或参加书画展、影展、盆景展、邮展、个人收藏品展、花鸟虫鱼展等各种展示活动的业务。

（25）技术服务。它是指利用一技之长而进行技术指导、提供技术帮助的业务。

（26）介绍服务。它是指介绍供求双方商谈，或者介绍产品、经营服务项目等服务的业务。

（27）经纪服务。它是指经纪人通过居间介绍，促成各种交易及提供劳务等服务的业务。

（28）代办服务。它是指代委托人办理受托范围内的各项事宜的业务。

（29）其他劳务。它是指上述列举28项劳务项目之外的各种劳务。

（四）稿酬所得

稿酬所得是指个人因其作品以图书、报刊形式出版、发表而取得的所得。

（五）特许权使用费所得

特许权使用费所得是指个人提供专利权、商标权、著作权、非专利技术以及其他特许权的使用权取得的所得。提供著作权的使用权取得的所得，不包括稿酬所得。

（六）利息、股息、红利所得

利息、股息、红利所得是指个人拥有债券、股权而取得的利息、股息、红利所得。利息是指个人拥有债权而取得的利息，包括存款利息、贷款利息和各种债券的利息。按税法规定，个人取得的利息所得，除国债和国家发行的金融债券利息外，应当依法缴纳个人所得税。股息、红利是指个人拥有股权取得的股息、红利。按照一定的比率对每股发给的息金叫股息；公司、企业应分配的利润，按股份分配的叫红利。股息、红利所得，除另有规定外，都应当缴纳个人所得税。

（七）财产租赁所得

财产租赁所得是指个人出租建筑物、土地使用权、机器设备、车船以及其他财产取得的所得。个人取得的财产转租收入，属于"财产租赁所得"的征税范围，由财产转租人缴纳个人所得税。

（八）财产转让所得

财产转让所得是指个人转让有价证券、股权、建筑物、土地使用权、机器设备、车船以及其他财产取得的所得。

（九）偶然所得

偶然所得是指个人得奖、中奖、中彩以及其他偶然性质的所得。得奖是指参加各种有奖竞赛活动，取得名次得到的奖金；中奖、中彩是指参加各种有奖活动，如有奖销售、有奖储蓄或者购买彩票，经过规定程序，抽中、摇中号码而取得的奖金。偶然所得应缴纳的个人所得税税款，一律由发奖单位或机构代扣代缴。

（十）其他所得

个人取得的所得，难以界定应纳税所得项目的，由国务院主管部门审定。

三、所得税来源地的确定

下列所得，不论支付地点是否在中国境内，均为来源于中国境内的所得：

（1）因任职、受雇、履约等而在中国境内提供劳务取得的所得。

（2）将财产出租给承租人在中国境内使用而取得的所得。

（3）转让中国境内的建筑物、土地使用权等财产或者在中国境内转让其他财产取得的所得。

（4）许可各种特许权在中国境内使用而取得的所得。

（5）中国境内无住所的居民个人，在境内居住累计满183天的年度连续不满5年的，或满5年但其间有单次离境超过30天情形的，其来源于中国境外的所得，经向主管税务机关备案，可以只就中国境内企事业单位和其他经济组织或者居民个人支出的部分缴纳个人所得税；在境内居住累计满183天的年度连续满5年的纳税人，且在5年内未发生单次离境超过30天情形的，从第6年起，中国境内居住累计满183天的，应当就其来源于中国境外的全部所得缴纳个人所得税。

在中国境内无住所，但是在一个纳税年度中在中国境内连续，或者累计居住不超过90日的个人，其来源于中国境内的所得，由境外雇主支付并且不由该雇主在中国境内的机构、场所负担的部分，免予缴纳个人所得税。

【任务实施】

（1）完成初级税务专员基础与认知（CMAC三级）配套章节练习。

（2）完成初级税务专员基础与认知（CMAC三级）平台任务（参考CMAC试题操作指南）。

任务二 掌握个人所得税的税率与应纳税所得额的确定

【任务描述】

（1）掌握个人所得税税率。

（2）掌握个人所得税应纳税所得额的确定。

【知识储备】

一、个人所得税的税率

（一）综合所得

综合所得适用 3%~45% 的超额累进税率，税率见表 6-1。

表 6-1　个人所得税税率表
（综合所得适用）

级数	全年应纳税所得额	税率（%）
1	不超过 36 000 元的部分	3
2	超过 36 000 元至 144 000 元的部分	10
3	超过 144 000 元至 300 000 元的部分	20
4	超过 300 000 元至 420 000 元的部分	25
5	超过 420 000 元至 660 000 元的部分	30
6	超过 660 000 元至 960 000 元的部分	35
7	超过 960 000 元的部分	45

注：1. 本表所称全年应纳税所得额是指依照《个人所得税法》第六条的规定，居民个人取得综合所得以每一纳税年度收入额减除费用 60 000 元以及专项扣除、专项附加扣除和依法确定的其他扣除后的余额。
2. 非居民个人取得工资、薪金所得，劳务报酬所得，稿酬所得和特许权使用费所得，依照本表按月换算后计算应纳税额。

（二）个体工商户的生产、经营所得和对企事业单位的承包经营、承租经营所得

个体工商户的生产、经营所得和对企业事业单位的承包经营、承租经营所得，适用 5%~35% 的超额累进税率，税率见表 6-2。

表 6-2　个人所得税税率表
（经营所得）

级数	全年应纳税所得额	税率（%）
1	不超过 30 000 元的	5
2	超过 30 000 元至 90 000 元的部分	10

(续)

级数	全年应纳税所得额	税率（%）
3	超过 90 000 元至 300 000 元的部分	20
4	超过 300 000 元至 500 000 元的部分	30
5	超过 500 000 元的部分	35

注：本表所称全年应纳税所得额是指依照《个人所得税法》第六条的规定，以每一纳税年度的收入总额减除成本、费用以及损失后的余额。

（三）利息、股息、红利所得，财产租赁所得，财产转让所得，偶然所得和其他所得

利息、股息、红利所得，财产租赁所得，财产转让所得，偶然所得和其他所得适用比例税率，税率为 20%。

二、个人所得税的预扣率

（一）居民个人工资、薪金所得

居民个人工资、薪金所得预扣预缴适用 3%~45% 的七级超额累进税率，税率见表 6-3。

表 6-3　个人所得税预扣率表
（居民个人工资、薪金所得预扣预缴适用）

级数	累计预扣预缴应纳税所得额	预扣率（%）	速算扣除数（元）
1	不超过 36 000 元的部分	3	0
2	超过 36 000 元至 144 000 元的部分	10	2 520
3	超过 144 000 元至 300 000 元的部分	20	16 920
4	超过 300 000 元至 420 000 元的部分	25	31 920
5	超过 420 000 元至 660 000 元的部分	30	52 920
6	超过 660 000 元至 960 000 元的部分	35	85 920
7	超过 960 000 元的部分	45	181 920

（二）居民个人劳务报酬所得

居民个人劳务报酬所得预扣预缴适用税率见表 6-4。

表 6-4 个人所得税预扣率表
（居民个人劳务报酬所得预扣预缴适用）

级数	预扣预缴应纳税所得额	预扣率（%）	速算扣除数（元）
1	不超过 20 000 元的部分	20	0
2	超过 20 000 元至 50 000 元的部分	30	2 000
3	超过 50 000 元的部分	40	7 000

注：本表所称每次应纳税所得额，是指每次收入额减除费用 800 元（每次收入额不超过 4 000 元时）或者减除 20% 的费用（每次收入额超过 4 000 元时）后的余额。

（三）非居民个人工资、薪金所得，劳务报酬所得，稿酬所得，特许权使用费所得

非居民个人工资、薪金所得，劳务报酬所得，稿酬所得，特许权使用费所得适用 3%~45% 的七级超额累进税率，税率见表 6-5。

表 6-5 个人所得税税率表
（非居民个人工资、薪金所得，劳务报酬所得，稿酬所得，特许权使用费所得适用）

级数	应纳税所得额	税率（%）	速算扣除数（元）
1	不超过 3 000 元的	3	0
2	超过 3 000 元至 12 000 元的部分	10	210
3	超过 12 000 元至 25 000 元的部分	20	1 410
4	超过 25 000 元至 35 000 元的部分	25	2 660
5	超过 35 000 元至 55 000 元的部分	30	4 410
6	超过 55 000 元至 80 000 元的部分	35	7 160
7	超过 80 000 元的部分	45	15 160

注：本表所称全月含税应纳税所得额和全月不含税应纳税所得额，是指依照税法的规定，以每月收入额减除费用 5 000 元后的余额或者再减除附加减除费用后的余额。

三、应纳税所得额的规定

个人所得税的计税依据是纳税人取得的应纳税所得额。应纳税所得额为个人取得的各项收入减去税法规定的费用扣除金额和减免税收入后的余额。

（一）每次收入的确定

（1）财产租赁所得，以1个月内取得的收入为一次。

（2）利息、股息、红利所得，以支付利息、股息、红利时取得的收入为一次。

（3）偶然所得，以每次收入为一次。

（4）劳务报酬所得、稿酬所得、特许权使用费所得，属于一次性收入的，以取得该项收入为一次；属于同一项目连续收入的，以一个月内取得的收入为一次。

（二）费用减除标准

1. 综合所得

居民个人的综合所得，以每一纳税年度的收入额减除费用60 000元以及专项扣除、专项附加扣除和依法确定的其他扣除后的余额，为应纳税所得额。

（1）综合所得，包括工资、薪金所得，劳务报酬所得，稿酬所得，特许权使用费所得四项。劳务报酬所得、稿酬所得、特许权使用费所得以收入减除20%的费用后的余额为收入额；稿酬所得的收入额减按70%计算。

（2）专项扣除，包括居民个人按照国家规定的范围和标准缴纳的基本养老保险、基本医疗保险、失业保险等社会保险费和住房公积金等；

（3）专项附加扣除是指《个人所得税法》规定的子女教育、继续教育、大病医疗、住房贷款利息、住房租金和赡养老人6项专项附加扣除。

1）子女教育。学前教育阶段，为子女年满3周岁当月至小学入学前一月。学历教育阶段，为子女接受全日制学历教育入学的当月至全日制学历教育结束的当月。扣除标准：按照每个子女每月1 000元的标准定额扣除。父母可以选择由其中一方按扣除标准的100%扣除，也可以选择由双方分别按扣除标准的50%扣除，具体扣除方式在一个纳税年度内不能变更。例如，纳税人子女在中国境外接受教育的也可以享受子女教育专项扣除，但是纳税人应当留存境外学校录取通知书、留学签证等相关教育的证明资料备查。

2）继续教育。学历（学位）继续教育，为在中国境内接受学历（学位）继续教育入学的当月至学历（学位）继续教育结束的当月，同一学历（学位）继续教育的扣除期限最长不得超过48个月。技能人员职业资格继续教育、专业技术人员职业资格继续教育，为取得相关证书的当年。扣除标准：纳税人在中国境内接受学历（学位）继续教育的支出，在学历（学位）教育期间按照每月400元定额扣除。同一学历（学位）继续教育的扣除期限不能超过48个月。纳税人接受技能人员职业资格继续教育、专业技术人员职业资格继续教育的支出，在取得相关证书的当年，按照3 600元定额扣除。例如,个人接受本科及以下学历(学位)继续教育,符合本办法规定扣除条件的,可以选择由其父母扣除,也可以选择由本人扣除。纳税人接受技能人员职业资格继续教育、专业技术人员职业资格继续教育的,应当留存相关证书等资料备查。子女教育、继续教育规定的学历教育和学历(学位)继续教育的期间,包含因病或其他非主观原因休学但学籍继续保留的休学期间,以及施教机构按规定组织实施的寒暑假等假期。

3)大病医疗。为医疗保障信息系统记录的医药费用实际支出的当年。扣除标准:在一个纳税年度内,纳税人发生的与基本医保相关的医药费用支出,扣除医保报销后个人负担(指医保目录范围内的自付部分)累计超过15 000元的部分,由纳税人在办理年度汇算清缴时,在80 000元限额内据实扣除。纳税人发生的医药费用支出可以选择由本人或者其配偶扣除;未成年子女发生的医药费用支出可以选择由其父母一方扣除。纳税人应当留存医药服务收费及医保报销相关票据原件(或者复印件)等资料备查。医疗保障部门应当向患者提供在医疗保障信息系统记录的本人年度医药费用信息查询服务。

4)住房贷款利息。为贷款合同约定开始还款的当月至贷款全部归还或贷款合同终止的当月,扣除期限最长不得超过240个月。扣除标准:纳税人本人或者配偶单独或者共同使用商业银行或者住房公积金个人住房贷款为本人或者其配偶购买中国境内住房,发生的首套住房贷款利息支出,在实际发生贷款利息的年度,按照每月1 000元的标准定额扣除,扣除期限最长不超过240个月。纳税人只能享受一次首套住房贷款的利息扣除。本办法所称首套住房贷款是指购买住房享受首套住房贷款利率的住房贷款。经夫妻双方约定,可以选择由其中一方扣除,具体扣除方式在一个纳税年度内不能变更。夫妻双方婚前分别购买住房发生的首套住房贷款,其贷款利息支出,婚后可以选择其中一套购买的住房,由购买方按扣除标准的100%扣除,也可以由夫妻双方对各自购买的住房分别按扣除标准的50%扣除,具体扣除方式在一个纳税年度内不能变更。备查资料:纳税人应当留存住房贷款合同、贷款还款支出凭证备查。

5)住房租金。为租赁合同(协议)约定的房屋租赁期开始的当月至租赁期结束的当月。提前终止合同(协议)的,以实际租赁期限为准。纳税人在主要工作城市没有自有住房而发生的住房租金支出,可以按照以下标准定额扣除:直辖市、省会(首府)城市、计划单列市以及国务院确定的其他城市,扣除标准为每月1 500元;除第一项所列城市以外,市辖区户籍人口超过100万的城市,扣除标准为每月1 100元;市辖区户籍人口不超过100万的城市,扣除标准为每月800元。纳税人的配偶在纳税人的主要工作城市有自有住房的,视同纳税人在主要工作城市有自有住房,主要工作城市是指纳税人任职受雇的直辖市、计划单列市、副省级城市、地级市(地区、州、盟)全部行政区域范围;纳税人无任职受雇单位的,为受理其综合所得汇算清缴的税务机关所在城市。夫妻双方主要工作城市相同的,只能由一方扣除住房租金支出。住房租金支出由签订租赁住房合同的承租人扣除。特别强调纳税人及其配偶在一个纳税年度内不能同时分别享受住房贷款利息和住房租金专项附加扣除。备查资料:纳税人应当留存住房租赁合同、协议等有关资料备查。

6)赡养老人。为被赡养人年满60周岁的当月至赡养义务终止的年末。纳税人赡养一位及以上被赡养人的赡养支出,统一按照以下标准定额扣除:纳税人为独生子女的,按照每月2 000元的标准定额扣除;纳税人为非独生子女的,由其与兄弟姐妹分摊每月2 000元的扣除额度,每人分摊的额度不能超过每月1 000元。可以由赡养人均摊或者约定分摊,也可以由被赡养人指定分摊。约定或者指定分摊的须签订书面分摊协议,指定分摊优先于约定分摊。具体分摊方式和额度在一个纳税年度内不能变更。本办法所称被赡养人是指年满60岁的父母以及子女均已去世的年满60岁的祖父母、外祖父母。

(4)其他扣除,包括个人缴付符合国家的企业年金、职业年金、个人购买符合国家规定的商业健康保险、税收递延型商业养老保险的支出以及国务院规定可以扣除的其他项目。

2. 经营所得

经营所得,以每一纳税年度的收入总额减除成本、费用以及损失后的余额,为应纳税所得额。

成本、费用是指生产、经营活动中发生的各项直接支出和分配计入成本的间接费用以及销售费用、管理费用、财务费用;损失是指生产、经营活动中发生的固定资产和存货的盘亏、毁损、报废损失,转让财产损失,坏账损失,自然灾害等不可抗力因素造成的损失以及其他损失。

从事生产、经营的纳税义务人未提供完整、准确的纳税资料,不能正确计算应纳税所得额的,由主管税务机关核定其应纳税所得额。

个体工商户业主、个人独资企业投资者、合伙企业个人合伙人以及从事其他生产、经营活动的个人,以其每一纳税年度来源于个体工商户、个人独资企业、合伙企业以及其他生产、经营活动的所得,减除费用60 000元、专项扣除以及依法确定的其他扣除后的余额,为应纳税所得。

关于个体工商户的生产、经营所得，税法具体规定如下：

个体工商户的生产、经营所得，以每一纳税年度的收入总额，减除成本、费用、税金、损失、其他支出以及允许弥补的以前年度亏损后的余额，为应纳税所得额。

个体工商户生产经营活动中，应当分别核算生产经营费用和个人、家庭费用。对于生产经营与个人、家庭生活混用难以分清的费用，其40%视为与生产经营有关的费用，准予扣除。

个体工商户纳税年度发生的亏损，准予向以后年度结转，用以后年度的生产经营所得弥补，但结转年限最长不得超过5年。

个体工商户实际支付给从业人员的合理的工资薪金支出，准予扣除，个体工商户业务的工资薪金支出不得税前扣除。

个体工商户按照国务院有关主管部门或者省级人民政府规定的范围和标准为其业主和从业人员缴纳的基本养老保险费、基本医疗保险费、失业保险费、生育保险费、工伤保险费和住房公积金，准予扣除。个体工商户为从业人员缴纳的补充养老保险费、补充医疗保险费，分别在不超过从业人员工资总额5%标准内的部分据实扣除；超过部分不得扣除。个体工商户业主本人缴纳的补充养老保险费、补充医疗保险费，以当地（地级市）上年度社会平均工资的3倍为计算基数，分别在不超过该计算基数5%标准内的部分据实扣除；超过部分不得扣除。

个体工商户在生产经营活动中发生的下列利息支出，准予扣除：①向金融企业借款的利息支出；②向非金融企业和个人借款的利息支出，不超过按照金融企业同期同类贷款利率计算的数额的部分。

个体工商户在货币交易中，以及纳税年度终了时将人民币以外的货币性资产、负债按照期末即期人民币汇率中间价折算为人民币时产生的汇兑损失，除已经计入有关资产成本部分外，准予扣除。

个体工商户向当地工会组织拨缴的工会经费、实际发生的职工福利费支出、职工教育经费支出分别在工资薪金总额的2%、14%、2.5%的标准内据实扣除。工资薪金总额是指允许在当期税前扣除的工资薪金支出数额。职工教育经费的实际发生数额超出规定比例当期不能扣除的数额，准予在以后纳税年度结转扣除。个体工商户业主本人向当地工会组织缴纳的工会经费、实际发生的职工福利费支出、职工教育经费支出，以当地（地级市）上年度社会平均工资的3倍为计算基数，在本条第一款规定比例内据实扣除。

个体工商户发生的与生产经营活动有关的业务招待费，按照实际发生额的60%扣除，但最高不得超过当年销售（营业）收入的5‰。业主自申请营业执照之日起至开始生产经营之日止所发生的业务招待费,按照实际发生额的 60% 计入个体工商户的开办费。

个体工商户每一纳税年度发生的与其生产经营活动直接相关的广告费和业务宣传费不超过当年销售(营业)收入 15% 的部分,可以据实扣除;超过部分准予在以后纳税年度结转扣除。

个体工商户代其从业人员或者他人负担的税款,不得税前扣除。

个体工商户自申请营业执照之日起至开始生产经营之日止所发生符合本办法规定的费用,除为取得固定资产、无形资产的支出,以及应计入资产价值的汇兑损益、利息支出外,作为开办费,个体工商户可以选择在开始生产经营的当年一次性扣除,也可自生产经营月份起在不短于 3 年期限内摊销扣除,但一经选定,不得改变。开始生产经营之日为个体工商户取得第一笔销售(营业)收入的日期。

个体工商户通过公益性社会团体或者县级以上人民政府及其部门,用于《中华人民共和国公益事业捐赠法》规定的公益事业的捐赠,捐赠额不超过其应纳税所得额 30% 的部分可以据实扣除。财政部、国家税务总局规定可以全额在税前扣除的捐赠支出项目,按有关规定执行。个体工商户直接对受益人的捐赠不得扣除。公益性社会团体的认定,按照财政部、国家税务总局、民政部有关规定执行。

个体工商户研究开发新产品、新技术、新工艺所发生的开发费用,以及研究开发新产品、新技术而购置单台价值在 10 万元以下的测试仪器和试验性装置的购置费准予直接扣除;单台价值在 10 万元以上(含 10 万元)的测试仪器和试验性装置,按固定资产管理,不得在当期直接扣除。

3. 财产转让所得

财产转让所得,以转让财产的收入额减除财产原值和合理费用后的余额,为应纳税所得额。

4. 财产租赁所得

财产租赁所得,以转让财产的收入额减除财产原值和合理费用后的余额,为应纳税所得额。

5. 利息、股息、红利所得以及偶然所得和其他所得

利息、股息、红利所得以及偶然所得和其他所得,以每次收入额为纳税所得额。

【任务实施】

(1)完成初级税务专员基础与认知(CMAC 三级)配套章节练习。

(2)完成初级税务专员基础与认知(CMAC 三级)平台任务(参考 CMAC 试题操作指南)。

任务三　计算个人所得税的应纳税额

【任务描述】

（1）掌握工资、薪金所得应纳税额的计算；
（2）了解个体工商户的生产、经营所得应纳税额的计算；
（3）掌握劳务报酬所得应纳税额的计算；
（4）掌握稿酬所得应纳税额的计算。

【知识储备】

一、综合所得应纳税额的计算

（一）居民个人的综合所得

居民个人的综合所得以每一纳税年度的收入额减除费用 60 000 元以及专项扣除、专项附加扣除和依法确定的其他扣除后的余额，为应纳税所得额。

综合所得应纳税额的计算公式为：

应纳税额 = 应纳税所得额 × 适用税率 − 速算扣除数

　　　　 = （每一纳税年度的收入额 − 减除费用 60 000 元 − 专项扣除 − 专项附加扣除 − 依法确定的其他扣除）× 适用税率 − 速算扣除数

【例题 6-1】计算题

假设 2019 年甲公司职员李某全年取得工资、薪金收入 280 000 元。当地规定的社会保险和住房公积金个人缴存比例为基本养老保险 8%、基本医疗保险 2%、失业保险 0.5%、住房公积金 12%。李某缴纳社会保险费核定的缴费工资基数为 15 000 元。李某正在偿还首套住房贷款及利息；李某为独生女，父母均已经过 60 岁；李某独生儿子正在就读高三。夫妻约定由李某扣除贷款利息和子女教育费。计算李某 2019 年应纳缴纳的个人所得税额。

【解析】

①全年减除费用 60 000 元。
②专项扣除 = 15000 × （8%+2%+0.5%+12%）× 12 = 40 500（元）

③专项附加扣除

李某子女教育支出实行定额扣除,每年扣除 12 000 元

李某首套住房贷款利息支出实行定额扣除,每年扣除 12 000 元

李某赡养老人支出实行定额扣除,每年扣除 24 000 元

专项附加扣除合计 =12 000+12 000+24 000=48 000(元)

④扣除项合计 =60 000+40 500+48 000=148 500(元)

⑤应纳税所得额 =280 000−148 500=131 500(元)

⑥应纳个人所得税额 =36 000 × 3%+(131 500−36 000)× 10%=106 300(元)

(二)非居民个人的工资、薪金所得

非居民个人的工资、薪金所得以每月收入额减除费用 5 000 元后的余额为应纳税所得额;劳务报酬所得、稿酬所得、特许权使用费所得,以每次收入额为应纳税所得额。

(三)综合所得应纳税额预扣缴

扣缴义务人向居民个人支付工资、薪金所得时,应当按照累计预扣法计算预扣税款,并按月办理全员全额扣缴申报。具体计算公式如下:

本期应预扣预缴税额 =(累计预扣预缴应纳税所得额 × 预扣率 − 速算扣除数)− 累计减免税额 − 累计已预扣预缴税额

累计预扣预缴应纳税所得额 = 累计收入 − 累计免税收入 − 累计减除费用 − 累计专项扣除 − 累计专项附加扣除 − 累计依法确定的其他扣除

其中,累计减除费用按照 5 000 元/月乘以纳税人当年截至本月在本单位的任职受雇月份数计算。

扣缴义务人向居民个人支付劳务报酬所得、稿酬所得、特许权使用费所得,按次或者按月预扣预缴个人所得税。具体预扣预缴方法如下:

劳务报酬所得、稿酬所得、特许权使用费所得以收入减除费用后的余额为收入额。其中,稿酬所得的收入额减按 70% 计算。

减除费用:劳务报酬所得、稿酬所得、特许权使用费所得每次收入不超过 4 000 元的,减除费用按 800 元计算;每次收入 4 000 元以上的,减除费用按 20% 计算。

应纳税所得额:劳务报酬所得、稿酬所得、特许权使用费所得,以每次收入额为预扣预缴应纳税所得额。劳务报酬所得适用 20%~40% 的超额累进预扣率,稿酬所得、特许权使用费所得适用 20% 的比例预扣率。

劳务报酬所得应预扣预缴税额 = 预扣预缴应纳税所得额 × 预扣率 − 速算扣除数

稿酬所得、特许权使用费所得应预扣预缴税额 = 预扣预缴应纳税所得额 × 20%

【例题 6-2】 计算题

职员李娜 2015 年入职，2019 年每月应发工资均为 10 000 元，每月减除费用 5 000 元，"三险一金"等专项扣除为 1 500 元，从 1 月起享受子女教育专项附加扣除 1 000 元，没有减免收入及减免税额等情况，分别计算 1 月、2 月、3 月的个人所得税预扣预缴税额。

【解析】

1 月：(10 000–5 000–1 500–1 000) × 3% = 75（元）。

2 月：(10 000 × 2–5 000 × 2–1 500 × 2–1 000 × 2) × 3%–75 = 75（元）。

3 月：(10 000 × 3–5 000 × 3–1 500 × 3–1 000 × 3) × 3%–75–75 = 75（元）。

进一步计算可知，该纳税人全年累计预扣预缴应纳税所得额为 30 000 元，一直适用 3% 的税率，因此各月应预扣预缴的税款相同。

【例题 6-3】 计算题

赵凯 2015 年入职，2019 年每月应发工资均为 30 000 元，每月减除费用 5 000 元，"三险一金"等专项扣除为 4 500 元，享受子女教育、赡养老人两项专项附加扣除共计 2 000 元，没有减免收入及减免税额等情况，分别计算 1 月、2 月、3 月的个人所得税预扣预缴税额。

【解析】

1 月：(30 000 – 5 000–4 500–2 000) × 3% = 555（元）。

2 月：(30 000 × 2–5 000 × 2–4 500 × 2–2 000 × 2) × 10% –2 520 –555 = 625（元）。

3 月：(30 000 × 3–5 000 × 3–4 500 × 3–2 000 × 3) × 10% –2 520 –555–625 = 1 850（元）。

上述计算结果表明，由于 2 月累计预扣预缴应纳税所得额为 37 000 元，已适用 10% 的税率，因此 2 月和 3 月应预扣预缴有所增高。

二、经营所得应纳税额的计算

经营所得以每一纳税年度的收入总额减除成本、费用以及损失后的余额，为应纳税所得额。

经营所得应纳税额的计算公式为：

应纳税额 = 应纳税所得额 × 适用税率 – 速算扣除数

= （全年收入总额 – 成本、费用、税金、损失、其他支出及以前年度亏损）× 适用税率 – 速算扣除数

对企事业单位的承包经营、承租经营所得应纳税额的计算公式为：

应纳税额 = 应纳税所得额 × 适用税率 – 速算扣除数

= （纳税年度收入总额 – 必要费用）× 适用税率 – 速算扣除数

个体工商户应纳税所得额的计算，以权责发生制为原则，属于当期的收入和费用，不论款项是否收付，均作为当期的收入和费用；不属于当期的收入和费用，即使款项已经在当期收付，均不作为当期收入和费用。财政部、国家税务总局另有规定的除外。

三、利息、股息、红利所得应纳税额的计算

利息、股息、红利所得应纳税额的计算公式为：

应纳税额 = 应纳税所得额 × 适用税率 = 每次收入额 × 20%

四、财产租赁所得应纳税额的计算

财产租赁所得，每次收入不超过 4 000 元的，减除费用 800 元；4 000 元以上的，减除 20% 的费用，其余额为应纳税所得额。

财产租赁所得应纳税额的计算公式为（4 000 元以下）：

应纳税额 = ［每次（月）收入额 – 财产租赁过程中缴纳的税费 – 由纳税人负担的租赁财产实际开支的修缮费用（800 元为限）– 800 元］× 20%

个人出租房屋的个人所得税应税收入不含增值税，计算房屋出租所得可扣除的税费不包括本次出租缴纳的增值税。个人转租房屋的，其向房屋出租方支付的租金及增值税额，在计算转租所得时予以扣除。

五、财产转让所得应纳税额的计算

财产转让所得以转让财产的收入额减除财产原值和合理费用后的余额，为应纳税所得额。

财产转让所得应纳税额的计算公式为：

应纳税额 = 应纳税所得额 × 适用税率

= （收入总额 – 财产原值 – 合理费用）× 20%

财产原值确定，按照下列方法进行：

（1）有价证券，为买入价以及买入时按照规定交纳的相关费用。

（2）建筑物，为建造费或者购进价格以及其他有关费用。

（3）土地使用权，为取得土地使用权所支付的金额、开发地的费用以及其他有关费用。

（4）机器设备、车船，为购进价格、运输费、安装费以及其他有关费用。

其他财产，参照前款规定的方法确定财产原值。

纳税人未提供完整、准确的财产原值凭证，由主管税务机关核定财产原值。

六、偶然所得应纳税额的计算

偶然所得应纳税额的计算公式为：

应纳税额 = 应纳税所得额 × 适用税率

    = 每次收入额 × 20%

【任务实施】

（1）完成初级税务专员基础与认知（CMAC 三级）配套章节练习。

（2）完成初级税务专员基础与认知（CMAC 三级）平台任务（参考 CMAC 试题操作指南）。

任务四　掌握个人所得税的税收优惠

【任务描述】

掌握个人所得税税收优惠政策。

【知识储备】

《个人所得税法》及其实施条例以及财政部、国家税务总局的若干规定等，都对个人所得项目给予了减税免税的优惠。

一、免征个人所得税的优惠

（1）省级人民政府、国务院部委和中国人民解放军军以上单位，以及外国组织颁发的科学、教育、技术、文化、卫生、体育、环境保护等方面的奖金。

（2）国债和国家发行的金融债券利息。国债利息是指个人持有中华人民共和国财政部发行的债券而取得的利息所得以及2009年、2010年和2011年发行的地方政府债券利息所得；国家发行的金融债券利息是指个人持有经国务院批准发行的金融债券而取得的利息所得。

（3）按照国家统一规定发给的补贴、津贴。按照国家统一规定发给的补贴、津贴是指按照国务院规定发给的政府特殊津贴、院士津贴以及国务院规定免予缴纳个人所得税的其他补贴、津贴。

（4）福利费、抚恤金、救济金。福利费是指根据国家有关规定，从企业、事业单位、国家机关，社会组织提留的福利费或者工会经费中支付给个人的生活补助费；救济金是指各级人民政府民政部门支付给个人的生活困难补助费。

（5）保险赔款。

（6）军人的转业费、复员费。

（7）按照国家统一规定发给干部、职工的安家费、退职费、退休工资、离休工资、离休生活补助费。

（8）依照我国有关法律规定应予免税的各国驻华使馆、领事馆的外交代表、领事官员和其他人员的所得，具体是指依照《中华人民共和国外交特权与豁免条例》和《中华人民共和国领事特权与豁免条例》规定的免税所得。

（9）中国政府参加的国际公约以及签订的协议中规定免税的所得。

（10）对乡、镇（含乡、镇）以上人民政府或经县（含县）以上人民政府主管部门批准成立的有机构、有章程的见义勇为基金或者类似性质组织，奖励见义勇为者的奖金或奖品，经主管税务机关核准，免征个人所得税。

（11）企业和个人按照省级以上人民政府规定的比例提取并缴付的住房公积金、医疗保险金、基本养老保险金、失业保险金，不计入个人当期的工资、薪金收入，免予征收个人所得税。超过规定的比例缴付的部分计征个人所得税。个人领取原提存的住房公积金、医疗保险金、基本养老保险金时，免予征收个人所得税。

（12）对个人取得的教育储蓄存款利息所得以及国务院财政部门确定的其他专项储蓄存款或者储蓄性专项基金存款的利息所得，免征个人所得税。自2008年10月9日起，对居民储蓄存款利息暂定征收个人所得税。

（13）储蓄机构内从事代扣代缴工作的办税人员取得的扣缴利息税手续费所得，免征个人所得税。

（14）生育妇女按照县级以上人民政府根据国家有关规定制定的生育保险办法，取得的生育津贴、生育医疗费或其他属于生育保险性质的津贴、补贴，免征个人所得税。

（15）对工伤职工及其近亲属按照《工伤保险条例》规定取得的工伤保险待遇，免征个人所得税。工伤保险待遇，包括工伤职工按照该条例规定取得的一次性伤残补助金、伤残津贴、一次性工伤医疗补助金、一次性伤残就业补助金、工伤医疗待遇、住院伙食补助费、外地就医交通食宿费用、工伤康复费用、辅助器具费用、生活护理费等，以及职工因工死亡，其近亲属按照该条例规定取得的丧葬补助金、供养亲属抚恤金和一次性工亡补助金等。

（16）外籍个人以非现金形式或实报实销形式取得的住房补贴、伙食补贴、搬迁费、洗衣费。外籍个人按合理标准取得的境内、外出差补贴。外籍个人取得的探亲费、语言训练费、子女教育费等，经当地税务机关审核批准为合理的部分。可以享受免征个人所得税优惠的探亲费，仅限于外籍个人在我国的受雇地与其家庭所在地（包括配偶或父母居住地）之间搭乘交通工具，且每年不超过两次的费用。

（17）个人举报、协查各种违法、犯罪行为而获得的奖金。

（18）个人办理代扣代缴税款手续，按规定取得的扣缴手续费。

（19）个人转让自用达5年以上并且是唯一的家庭居住用房取得的所得。

（20）对按《国务院关于高级专家离休退休若干问题的暂行规定》和《国务院办公厅关于杰出高级专家暂缓离休审批问题的通知》精神，达到离休、退休年龄，但确因工作需要适当延长离休、退休年龄的高级专家，其在延长离休、退休期间的工资、薪金所得，视同退休工资、离休工资免征个人所得税。

（21）外籍个人从外商投资企业取得的股息、红利所得。

（22）凡符合下列条件之一的外籍专家取得的工资、薪金所得可免征个人所得税：

1）根据世界银行专项贷款协议由世界银行直接派往我国工作的外国专家。

2）联合国组织直接派往我国工作的专家。

3）为联合国援助项目来华工作的专家。

4）援助国派往我国专为该国无偿援助项目工作的专家。

5）根据两国政府签订文化交流项目来华工作2年以内的文教专家，其工资、薪金所得由该国负担的。

6）根据我国大专院校国际交流项目来华工作2年以内的文教专家，其工资、薪金所得由该国负担的。

7）通过民间科研协定来华工作的专家，其工资、薪金所得由该国政府机构负担的。

（23）股权分置改革中非流通股股东通过对价方式向流通股股东支付的股份、现金等收入，暂免征收流通股股东应缴纳的个人所得税。

（24）对被拆迁人按照国家有关城镇房屋拆迁管理办法规定的标准取得的拆迁补偿款，免征个人所得税。

二、减征个人所得税的优惠

有下列情形之一的，可减征个人所得税，具体幅度和期限由省、自治区、直辖市人民政府规定，并报同级人民代表大会常务委员会备案。

（1）残疾、孤老人员和烈属的所得。
（2）因严重自然灾害造成重大损失的。
（3）其他经国务院财政部门批准减税的。

【任务实施】
（1）完成初级税务专员基础与认知（CMAC三级）配套章节练习。
（2）完成初级税务专员基础与认知（CMAC三级）平台任务（参考CMAC试题操作指南）。

任务五　了解个人所得税的征收管理

【任务描述】
（1）掌握个人所得税纳税申报；
（2）掌握个人所得税纳税期限。

【知识储备】

代扣代缴是指按照税法规定负有扣缴税款义务的单位或者个人，在向个人支付款项时，应计算应纳税额，从其所得中扣除并缴入国库，同时向税务机关报送扣缴个人所得税报告表。这种方法，有利于控制税源、防止漏税和逃税。

一、纳税申报

个人所得税以所得人为纳税人，以支付所得的单位或者个人为扣缴义务人。

居民个人向扣缴义务人提供专项附加扣除信息的，扣缴义务人按月预扣预缴税款时应当按照规定予以扣除，不得拒绝。

非居民个人取得工资、薪金所得，劳务报酬所得，稿酬所得和特许权使用费所得，有扣缴义务人的，由扣缴义务人按月或者按次代扣代缴税款，不办理汇算清缴。

扣缴义务人向个人支付应纳税款项时，应当依照个人所得税法规定预扣或代扣税款，按时缴库，并专项记载备查。支付，包括现金支付、汇拨支付、转账支付和以有价证券、实物以及其他形式的支付。

税务机关对扣缴义务人按照所扣缴的税款，付给2%的手续费。

个人应当凭纳税人识别号实名办税。

个人首次取得应税所得或者首次办理纳税申报时，应当向扣缴义务人或者税务机关如实提供纳税人识别号及纳税有关的信息。个人上述信息发生变化的，应当报告扣缴义务人或者税务机关。

没有中国公民身份号码的个人，应当在首次发生纳税义务时，按照税务机关规定报送与纳税有关的信息，由税务机关赋予其纳税人识别号。

国务院税务主管部门可以指定掌握所得信息并对所得取得过程有控制权的单位为扣缴义务人。

有下列情形之一的，纳税人应当依法办理纳税申报：

（1）取得综合所得需要办理汇算清缴，需要办理汇算清缴的情形包括：

1）从两处以上取得综合所得，且综合所得年收入额减除专项扣除的余额超过60 000元。

2）取得劳务报酬所得，稿酬所得，特许权使用费所得中一项或者多项所得，且综合所得年收入额减除专项扣除的余额超过60 000元。

3）纳税年度内预缴税额低于应纳税额。

4）纳税人申请退税，纳税人申请退税，应当提供其在中国境内开设的银行账户，并在汇算清缴地就地办理税款退款。

（2）取得应税所得没有扣缴义务人。

（3）取得应税所得，扣缴义务人未扣缴税款。

（4）取得境外所得。

（5）因移居境外注销中国户籍。

（6）非居民个人在中国境内从两处以上取得工资、薪金所得。

（7）国务院规定的其他情形。

纳税人可以委托扣缴义务人或者其他单位和个人办理汇算清缴。

二、纳税期限

（1）居民个人取得综合所得，按年计算个人所得税；有扣缴义务人的，申报扣缴义务人按月或者按次预扣缴税款；需要办理汇算清缴的，应当在取得所得次年3月1日至6月30日内办理汇算清缴。预扣预缴办法由国务院税务主管部门制定。

（2）非居民个人取得工资、薪金所得，劳务报酬所得，稿酬所得和特许权使用费所得，有扣缴义务人的，由扣缴义务人按月或者按次代扣代缴税款，不办理汇算清缴。

（3）纳税人取得经营所得，按年计算个人所得税，由纳税人在月度或者季度终了后15日内向税务机关报送纳税申报表，并预缴税款；在取得所得的次年3月31日前办理汇算清缴。

（4）纳税人取得利息、股息、红利所得，财产租赁所得，财产转让所得和偶然所得，按月或者按次计算个人所得税，有扣缴义务人的，由扣缴义务人按月或者按次代扣代缴税款。

（5）纳税人取得应税所得没有扣缴义务人的，应当在取得所得的次月15日内向税务机关报送纳税申报表，并缴纳税款。

（6）纳税人取得应税所得，扣缴义务人未扣缴税款的，纳税人应当在取得所得的次年6月30日前，缴纳税款；税务机关通知限期缴纳的，纳税人应当按照期限缴纳税款。

（7）居民个人从中国境外取得所得的，应当在取得所得的次年3月1日至6月30日内申报纳税。

（8）非居民个人在中国境内从两处以上取得工资、薪金所得的，应当在取得所得的次月15日内申报纳税。

（9）纳税人因移居境外注销中国户籍的，应当在注销中国户籍前办理税款清算。

（10）扣缴义务人每月或者每次预扣、代扣的税款，应当在次月15日内缴入国库，并向税务机关报送扣缴个人所得税申报表。

各项所得的计算以人民币为单位；所得为人民币以外货币的，按照办理纳税申报或扣缴申报的上一个月最后一日人民币汇率中间价，折合成人民币计算应纳税额所得额。年度终了后办理汇算清缴的，对已经按月、按季或者按次预缴税款的人民币以外货币所得，不再重新折算；对应当补缴税款的所得部分，按照上一纳税年度最后一日人民币汇率中间价折合成人民币计算应纳税所得额。

三、扣缴义务人的义务及应承报的责任

（1）扣缴义务人应指定支付应纳税所得的财务会计部门或其他有关部门的人员为

办税人员,由办税人员具体办理个人所得税的代扣代缴工作。

(2)扣缴义务人的法人代表(或单位主要负责人)、财会部门的负责人及具体办理代扣代缴税款的有关人员,共同对依法履行代扣代缴义务负法律责任。

(3)同一扣缴义务人的不同部门支付应纳税所得时,应报办税人员汇总。

(4)扣缴义务人在代扣税款时,必须向纳税人开具税务机关统一印制的代扣代收税款凭证,并详细注明纳税人姓名、工作单位、家庭住址和居民身份证或护照号码(无上述证件的,可用其他能有效证明身份的证件)等个人情况。对工资、奖金所得和利息、股息、红利所得等,因纳税人数众多、不便一一开具代扣代收税款凭证的,经主管税务机关同意,可不开具代扣代收税款凭证,但应通过一定形式告知纳税人已扣缴税款。纳税人为持有完税依据而向扣缴义务人索取代扣代收税款凭证的,扣缴义务人不得拒绝。

(5)扣缴义务人对纳税人的应扣未扣的税款,其应纳税款仍然由纳税人缴纳,扣缴义务人应承担应扣未扣税款50%以上至3倍的罚款。

(6)扣缴义务人应设立代扣代缴税款账簿,正确反映个人所得税的扣缴情况,并如实填写《扣缴个人所得税报告表》及其他有关资料。

【任务实施】

(1)完成初级税务专员基础与认知(CMAC三级)配套章节练习。

(2)完成初级税务专员基础与认知(CMAC三级)平台任务(参考CMAC试题操作指南)。

(3)练习《V3.7自然人税收管理扣缴端(原个税)申报实训系统教学版案例01》,平台软件使用税务软件平台进行练习,打印实训报告,要求如下:

1)进行系统评分后打印实训报告封面。

2)打印综合所得预扣预缴表。

【知识扩展】

偷逃个人所得税的问题

河南省郑州市某公司老总耿某因偷逃个人所得税受到税务机关处罚。最终,耿某将税款、罚款及滞纳金837170.78元缴纳入库。

郑州市地税局稽查局根据郑州市公安局经侦支队转来的有关线索,对耿某涉嫌偷税行为予以立案检查。

耿某原系北京某电子技术有限公司河南分公司总经理,后调任北京某电子技术有限公司北京总公司副总经理并继续兼任河南分公司总经理。有关资料显示,耿某涉嫌利用职务之便大量偷逃税款。

稽查人员来到该电子技术有限公司河南分公司。耿某对稽查人员态度冷淡,指示财务部门予以配合后悄然消失。稽查人员随即将该公司有关账册调回进行检查。检查表明,该公司会计核算、账目处理没有较大违规情况,与转来的线索有差异。问题出在哪儿呢?随后,稽查人员又与耿某就有关纳税问题进行了约谈。耿某依然态度生硬,不予配合。

既然耿某对检查不配合,在案件分析会上,稽查人员提出了从耿某的副手——该公司副总陈某身上打开突破口的办案思路。

为保证调查效果,经与公安局经侦支队几度协商,决定以税、警联合办案的方式进行。为防止陈某巧言善辩、不予配合,税、警人员经过精心准备,对陈某开展强大的心理攻势。陈某的心理防线逐渐瓦解,终于将耿某利用职务之便偷逃个人所得税问题的来龙去脉做了交代。

两地取得收入不汇算清缴,据陈某交代,耿某有取得河南、北京两地收入不如实申报缴纳个人所得税的问题,但北京总公司发给耿某工资、奖金具体有多少,陈某说自己并不清楚。由于个人所得税款计算的特殊性,稽查人员决定深入调查,用准确而充足的数据材料来印证耿某的偷税行为和偷税金额。

稽查人员首先对耿某作为河南分公司总经理取得个人收入情况进行调查。经查,该公司已按时支付耿某工资并代扣代缴个人所得税款。

分公司没有问题,问题可能出在总公司。通过陈某的交代和对案情的进一步查证,稽查人员又了解到,北京的总公司每年都要根据各分公司完成的业绩情况向其发放相应的奖金,但具体的发放标准、金额、时间、是否扣缴个人所得税款等情况不得而知。面对如此之多的疑问,稽查局领导决定外调北京总公司,充分搜集资料证据,掌握耿某的详细收入情况。

在北京总公司所在地区税务稽查、公安部门的协助下,稽查人员实地审阅了耿某任职期间总公司工资、奖金发放的账务资料,就总公司向耿某个人支付工资、奖金情况向相关人员进行了详细询问。北京总公司方面自知事关重大,给予了较为积极的配合,提供了较为翔实的资料。北京一行,稽查人员最终掌握了耿某在北京总公司取得工资的具体明细、总公司代扣代缴个人所得税款的情况,以及北京总公司向河南分公司支付奖金的做法

（奖金按业绩比例计算，在限额内由耿某本人具体分配发放）。

经查，耿某在两地取得的收入合计应纳个人所得税共计 392 074.14 元，已代扣代缴税款 120 711.15 元，应补缴个人所得税 271 362.99 元。其中，因不申报纳税造成少交个人所得税 21 956.85 元，因提成奖金不申报少交个人所得税 225 126.14 元，因扣缴义务人未按规定足额代扣代缴少缴个人所得税 24 280 元。面对确凿的证据，耿某无话可说。

虚假报销中饱私囊

陈某同时交代，多年来耿某为取得更多的个人收入，利用职务之便，指使公司财务人员以莫须有的"电脑耗材"等名目计入"管理费用"，通过虚假报销，取得个人收入。掌握了这个情况，稽查人员认真核对了该公司的报销凭证，后经陈某、公司财务人员指证和耿某自己交代，耿某个人以虚假报销、虚列费用的方式少缴个人所得税 225 126.14 元。

据公司财务人员交代，查出的虚假报销基本上都是在耿某的授意下办理的，这些入账发票有的是财务人员从其他销售商手里搞来的，有的则是花钱买来自行填开的。根据以上情况，郑州市地税局稽查局对公司使用假发票和因虚列费用导致公司偷税行为另行做出处理。

经郑州市地税局稽查局案件审理委员会集体会审，就耿某偷税案做出如下处理：根据《个人所得税法》及其实施条例的相关规定，补缴当事人耿某态度生硬，不予配合，税款 271 362.99 元；根据《税收征管法》第六十三条规定，对其虚假报销取得收入行为定性为偷税，处偷税金额 2 倍罚款计 450 252.28 元；根据《税收征管法》第六十四条第二款规定，对其不选择一地进行工资、薪金合并申报纳税的行为定性为不申报纳税，处以应补税款 1 倍罚款计 21 956.85 元；根据《税收征管法》第三十二条规定，加收滞纳金至实际补缴税款之日止，共计 93 598.66 元。

虚假报销费用，取得个人收入是深受企业和个人欢迎的做法，因为这样既逃避了企业所得税，又逃避了个人所得税，手法非常隐蔽，税务人员对该问题基本上束手无策。

那么，税务人员怎样才能发现企业虚假报销费用呢？目前，一般是靠群众举报，另外，水平高的税务人员也可以通过寻找企业记账的破绽发现。

发现企业有虚假报销费用的行为时，要取得什么证据呢？

当事人的笔录加报销的发票作为证据行不行呢？

答案是不行。

理由：

1. 发票只能证明有这件事发生，如在某酒店消费的纪录，但发票本身不能证明是否属于个人消费和公务消费，除非有第三者出证。

2. 当事人的笔录可能是事实，也有可能是误解，或者是诬告。如何去判断？如果他说企业有十几万元属于个人消费的，那仅靠那些发票是不能作为依据的，最有利的证明只有当事人如经手的财务人员的证明。

从以上的分析我们可以知道，要证明企业确实有虚假报销费用的行为，最重要的证据是第三者的证明。

在本案中，当事人耿某态度生硬，不予配合，稽查人员提出了从耿某的副手——该公司副总陈某身上打开突破口的办案思路，思路非常正确并且有效。经陈某、公司财务人员指证，和耿某自己交代，耿某个人以虚假报销、虚列费用的方式少缴个人所得税 225 126.14 元。另据公司财务人员交代，查出的虚假报销基本上都是在耿某的授意下办理的，这些入账发票有的是财务人员从其他销售商手里搞来的，有的则是花钱买来自行填开的。

由于有第三者的有力证明，当事人耿某从态度生硬，不予配合，到最后只能承认偷逃个人所得税的事实，受到了法律的制裁。

项目七

其他税费

任务一 掌握印花税法律制度

【任务描述】
(1) 掌握印花税纳税义务人；
(2) 掌握印花税税目与税率；
(3) 掌握印花税应纳税额的计算；
(4) 掌握印花税征收管理。

【知识储备】

印花税是以经济活动和经济交往中，以书立、领受应税凭证的行为为征税对象而征收的一种税。印花税因其采用在应税凭证上粘贴印花税票的方法缴纳税款而得名。征收印花税有利于增加财政收入、有利于配合和加强经济合同的监督管理、有利于培养纳税意识，也有利于配合对其他应纳税种的监督管理。

一、纳税义务人

印花税的纳税义务人是指在中国境内书立、使用、领受印花税法所列举的凭证并应依法履行纳税义务的单位和个人。

上述单位和个人按照书立、使用、领受应税凭证的不同，可以分别确定为立合同人、立据人、立账簿人、领受人、使用人和各类电子应税凭证的签订人。

1. 立合同人

立合同人指合同的当事人。所谓当事人，是指对凭证有直接权利义务关系的单位和个人，但不包括合同的担保人、证人、鉴定人。各类合同的纳税人是立合同人。

2. 立据人

产权转移书据的纳税人是立据人，也就是土地、房屋权属转移过程中买卖双方的当事人。

3. 立账簿人

营业账簿的纳税人是立账簿人。所谓立账簿人，指设立并使用营业账簿的单位和个人。例如，企业单位因生产、经营需要，设立了营业账簿，该企业即为立账簿人。

4. 领受人

权利、许可证照的纳税人是领受人。领受人是指领取或接受并持有该项凭证的单位和个人。例如，某人因其发明创造，经申请依法取得国家专利机关颁发的专利证书，该人即为领受人。

5. 使用人

在国外书立、领受，但在国内使用的应税凭证，其纳税人是使用人。

6. 各类电子应税凭证的签订人

各类电子应税凭证的签订人即以电子形式签订的各类应税凭证的当事人。

二、税目与税率

（一）税目

印花税的税目，指印花税法明确规定的应当纳税的项目，它具体划定了印花税的征税范围。一般地说，列入税目的就要征税，未列入税目的就不征税。印花税共有13个税目。

1. 购销合同

购销合同包括供应、预购、采购、购销结合及协作、调剂、补偿、贸易等合同。此外，还包括出版单位与发行单位之间订立的图书、报纸、期刊和音像制品的应税凭证，如订购单、订数单等。还包括发电厂与电网之间、电网与电网之间（国家电网公司系统、南方电网公司系统内部各级电网互供电量除外）签订的购售电合同。但是，电网与用户之间签订的供用电合同不属于印花税列举征税的凭证，不征收印花税。

2. 加工承揽合同

加工承揽合同包括加工、定做、修缮、修理、印刷广告、测绘、测试等合同。

3. 建设工程勘察设计合同

建设工程勘察设计合同包括勘察、设计合同。

4. 建筑安装工程承包合同

建筑安装工程承包合同包括建筑、安装工程承包合同。承包合同，包括总承包合同、分包合同和转包合同。

5. 财产租赁合同

财产租赁合同包括租赁房屋、船舶、飞机、机动车辆、机械、器具、设备等合同，还包括企业、个人出租门店、柜台等签订的合同。

6. 货物运输合同

货物运输合同包括民用航空、铁路运输、海上运输、公路运输和联运合同，以及作为合同使用的单据。

7. 仓储保管合同

仓储保管合同包括仓储、保管合同，以及作为合同使用的仓单、栈单等。

8. 借款合同

银行及其他金融组织与借款人（不包括银行同业拆借）所签订的合同，以及只填开借据并作为合同使用、取得银行借款的借据。银行及其他金融机构经营的融资租赁业务，是一种以融物方式达到融资目的的业务，实际上是分期偿还的固定资金借款，因此融资租赁合同也属于借款合同。

9. 财产保险合同

财产保险合同包括财产、责任、保证、信用保险合同，以及作为合同使用的单据。

10. 技术合同

技术合同包括技术开发、转让、咨询、服务等合同，以及作为合同使用的单据。

11. 产权转移书据

产权转移书据包括财产所有权和版权、商标专用权、专利权、专有技术使用权等转移书据和专利实施许可合同、土地使用权出让合同、土地使用权转让合同、商品房销售合同等权利转移合同。

12. 营业账簿

营业账簿指单位或者个人记载生产经营活动的财务会计核算账簿。营业账簿按其反映内容的不同,可分为记载资金的账簿和其他账簿。

但是,对金融系统营业账簿,要结合金融系统财务会计核算的实际情况进行具体分析。凡银行用以反映资金存贷经营活动、记载经营资金增减变化、核算经营成果的账簿,如各种日记账、明细账和总账都属于营业账簿,应按照规定缴纳印花税;银行根据业务管理需要设置的各种登记簿,如空白重要凭证登记簿、有价单证登记簿、现金收付登记簿等,其记载的内容与资金活动无关,仅用于内部备查,属于非营业账簿,均不征收印花税。

13. 权利、许可证照

权利、许可证照包括政府部门发给的房屋产权证、工商营业执照、商标注册证、专利证、土地使用证。

(二)税率

印花税的税率设计遵循税负从轻、共同负担的原则,所以税率比较低。凭证的当事人,即对凭证有直接权利与义务关系的单位和个人均应就其所持凭证依法纳税。

(1)比例税率。在印花税的13个税目中,各类合同以及具有合同性质的凭证(含以电子形式签订的各类应税凭证)、产权转移书据、营业账簿中记载资金的账簿,适用比例税率。

1)适用 0.05‰税率的为"借款合同"。

2)适用 0.3‰税率的为"购销合同""建筑安装工程承包合同""技术合同"。

3)适用 0.5‰税率的为"加工承揽合同""建筑工程勘察设计合同""货物运输合同""产权转移书据"税目中记载资金的账簿。

4)营业账簿,适用税率为 0.25‰。

5)适用 1‰税率的为"财产租赁合同""仓储保管合同""财产保险合同"。

6)在上海证券交易所、深圳证券交易所、全国中小企业股份转让系统买卖、继承、赠予优先股所书立的股权转让书据,均依书立时实际成交金额,由出让方按 1‰的税率计算缴纳证券(股票)交易印花税。

(2)定额税率。在印花税的13个税目中,"权利、许可证照"和"营业账簿"税目中的其他账簿,适用定额税率,均为按件贴花,税额为5元。这样规定主要是考虑到上述应税凭证比较特殊,有的无法计算金额的凭证,如权利、许可证照;有的虽记载有金额,但以其作为计税依据又明显不合理的凭证,如其他账簿。采用定额税率,便于纳税人缴纳,便于税务机关征管。

三、应纳税额的计算

（一）计税依据的一般规定

印花税的计税依据为各种应税凭证上所记载的计税金额。具体规定为：

（1）购销合同的计税依据为合同记载的购销金额。

（2）加工承揽合同的计税依据是加工或承揽收入的金额，具体规定为：

1）对于由受托方提供原材料的加工、定做合同，凡在合同中分别记载加工费金额和原材料金额的，应分别按"加工承揽合同""购销合同"计税，两项税额相加数，即为合同应贴印花；若合同中未分别记载，则应就全部金额依照加工承揽合同计税贴花。

2）对于由委托方提供主要材料或原材料，受托方只提供辅助材料的加工合同。无论加工费和辅助材料金额是否分别记载，均以辅助材料与加工费的合计数，依照加工承揽合同计税贴花。对委托方提供的主要材料或原材料金额不计税贴花。

（3）建设工程勘察设计合同的计税依据为收取的费用。

（4）建筑安装工程承包合同的计税依据为承包金额。

（5）财产租赁合同的计税依据为租赁金额。经计算，税额不足1元的，按1元贴花。

（6）货物运输合同的计税依据为取得的运输费金额（即运费收入），不包括所运货物的金额、装卸费和保险费等。

（7）仓储保管合同的计税依据为收取的仓储保管费用。

（8）借款合同的计税依据为借款金额。针对实际借贷活动中不同的借款形式，税法规定了不同的计税方法：

1）凡是一项信贷业务既签订借款合同，又一次或分次填开借据的，只以借款合同所载金额为计税依据计税贴花；凡是只填开借据并作为合同使用的，应以借据所载金额为计税依据计税贴花。

2）借贷双方签订的流动资金周转性借款合同，一般按年（期）签订，规定最高限额，借款人在规定的期限和最高限额内随借随还。为避免加重借贷双方的负担，对这类合同只以其规定的最高限额为计税依据，在签订时贴花一次，在限额内随借随还不签订新合同的，不再另贴印花。

3）对借款方以财产作抵押，从贷款方取得一定数量抵押贷款的合同，应按借款合同贴花；在借款方因无力偿还借款而将抵押财产转移给贷款方时，应再就双方书立的产权书据,按产权转移书据的有关规定计税贴花。

4)对银行及其他金融组织的融资租赁业务签订的融资租赁合同,应按合同所载租金总额,暂按借款合同计税。

5)在贷款业务中,如果贷方系由若干银行组成的银团,银团各方均承担一定的贷款数额。借款合同由借款方与银团各方共同书立,各执一份合同正本。对这类合同借款方与贷款银团各方应分别在所执的合同正本上,按各自的借款金额计税贴花。

6)在基本建设贷款中,如果按年度用款计划分年签订借款合同,在最后一年按总概算签订借款总合同,且总合同的借款金额包括各个分合同的借款金额的,对这类基建借款合同,应按分合同分别贴花。最后签订的总合同,只就价款总额扣除分合同借款金额后的余额计税贴花。

(9)财产保险合同的计税依据为支付(收取)的保险费,不包括所保财产的金额。

(10)技术合同的计税依据为合同所载的价款、报酬或使用费。为了鼓励技术研究开发,对技术开发合同,只就合同所载的报酬金额计税,研究开发经费不作为计税依据。单对合同约定按研究开发经费一定比例作为报酬的,应按一定比例的报酬金额贴花。

(11)产权转移书据的计税依据为所载金额。

(12)营业账簿税目中记载资金的账簿的计税依据为"实收资本"与"资本公积"两项的合计金额。实收资本包括现金、实物、无形资产和材料物资。现金按实际收到或存入纳税人开户银行的金额确定;实物指房屋、机器等,按评估确认的价值或者合同、协议约定的价格确定;无形资产和材料物资,按评估确认的价值确定。资本公积包括接受捐赠、法定财产重估增值、资本折算差额、资本溢价等。如果是实物捐赠,则按同类资产的市场价格或有关凭据确定。

其他账簿的计税依据为应税凭证件数。

(13)权利、许可证照的计税依据为应税凭证件数。

(二)计税依据的特殊规定

(1)上述凭证以"金额""收入""费用"作为计税依据的,应当全额计税,不得作任何扣除。

(2)同一凭证载有两个或两个以上经济事项而适用不同税目税率,如分别记载金额的,应分别计算应纳税额,相加后按合计税额贴花;如未分别记载金额的,按税率高的计税贴花。

(3)按金额比例贴花的应税凭证,未标明金额的,应按照凭证所载数量及国家牌价计算金额；没有国家牌价的，按市场价格计算金额，然后按规定税率计算应纳税额。

（4）应税凭证所载金额为外国货币的，应按照凭证书立当日国家外汇管理局公布的外汇牌价折合成人民币，然后计算应纳税额。

（5）应纳税额不足1角的，免纳印花税；1角以上的，其税额尾数不满5分的不计，满5分的按1角计算。

（6）应税合同在签订时纳税义务即已产生，应计算应纳税额并贴花。所以，不论合同是否兑现或是否按期兑现，均应贴花。对已履行并贴花的合同，所载金额与合同履行后实际结算金额不一致的，只要双方未修改合同金额，一般不再办理完税手续。

（7）对有经营收入的事业单位，凡属由国家财政拨付事业经费、实行差额预算管理的单位，其记载经营业务的账簿按其他账簿定额贴花，不记载经营业务的账簿不贴花；凡属经费来源实行自收自支的单位，其营业账簿应对记载资金的账簿和其他账簿分别计算应纳税额。

跨地区经营的分支机构使用的营业账簿应由各分支机构于其所在地计算贴花。对上级单位核拨资金的分支机构，其记载资金的账簿按核拨的账面资金额计税贴花，其他账簿按定额贴花；对上级单位不核拨资金的分支机构，只就其他账簿按件定额贴花。为避免对同一资金重复计税贴花，上级单位记载资金的账簿应按扣除拨给下属机构资金数额后的其余部分计税贴花。

（8）商品购销活动中，采用以货换货方式进行商品交易签订的合同是反映既购又销双重经济行为的合同。对此，应按合同所载的购、销合计金额计税贴花。合同未列明金额的，应按合同所载购、销数量依照国家牌价或者市场价格计算应纳税额。

（9）施工单位将自己承包的建设项目，分包或者转包给其他施工单位所签订的分包合同或者转包合同，应按新的分包合同或转包合同所载金额计算应纳税额。这是因为印花税是一种具有行为税性质的凭证税。尽管总承包合同已依法计税贴花，但新的分包或转包合同是一种新的凭证，又发生了新的纳税义务。

（10）从2008年9月19日起，对证券交易印花税政策进行调整。由双边征收改为单边征收，即只对卖出方（或继承、赠予A股、B股股权的出让方）征收证券（股票）交易印花税，对买入方（受让方）不再征税。税率仍保持1‰。

（11）对国内各种形式的货物联运，凡在起运地统一结算全程运费的，应以全程运费作为计税依据，由起运地运费结算双方缴纳印花税；凡分程结算运费的，应以分程的运费作为计税依据，分别由办理运费结算的各方缴纳印花税。

对国际货运，凡由我国运输企业运输的，不论在我国境内、境外起运或中转分程运输，我国运输企业所持的一份运费结算凭证，均按本程运费计算应纳税额；托运方所持的一份运费结算凭证，按全程运费计算应纳税额。由外国运输企业运输进出口货物的，外国运输企业所持的一份运费结算凭证免纳印花税；托运方所持的一份运费结算凭证应缴纳印花税。国际货运运费结算凭证在国外办理的，应在凭证转回我国境内时按规定缴纳印花税。

必须明确的是，印花税票为有价证券，其票面金额以人民币为单位，分为1角、2角、5角、1元、2元、5元、10元、50元、100元9种。

（三）应纳税额的计算方法

纳税人的应纳税额，根据应纳税凭证的性质，分别按比例税率或者定额税率计算。其计算公式为：

应纳税额 = 应税凭证计税金额（或应税凭证件数）× 适用税率

【例题7-1】综合题

某企业某年2月开业，当年发生以下有关业务事项：领受房屋产权证、工商营业执照、土地使用证各1件；与其他企业订立转移专用技术使用权书据1份，所载金额100万元；订立产品购销合同1份，所载金额为200万元；订立借款合同1份，所载金额为400万元；企业记载资金的账簿，"实收资本""资本公积"为800万元；其他营业账簿10本。试计算该企业当年应缴纳的印花税税额。

①企业领受权利、许可证照应纳税额：

应纳税额 = 3×5 = 15（元）

②企业订立产权转移书据应纳税额：

应纳税额 = 1 000 000×0.5‰ = 500（元）

③企业订立购销合同应纳税额：

应纳税额 = 2 000 000×0.3‰ = 600（元）

④企业订立借款合同应纳税额：

应纳税额 = 4 000 000×0.05‰ = 200（元）

⑤企业记载资金的账簿：

应纳税额 = 8 000 000×0.25‰ = 2 000（元）

⑥企业其他营业账簿应纳税额：

应纳税额 = 10×5 = 50（元）

⑦当年企业应纳印花税税额：

15+500+600+200+2 000+50 = 3 365（元）

四、税收优惠

对印花税的减免税优惠主要有：

（1）对已缴纳印花税凭证的副本或者抄本免税。凭证的正式签署本已按规定缴纳了印花税，其副本或者抄本对外不发生权利义务关系，只是留存备查。但以副本或者抄本视同正本使用的，则应另贴印花。

（2）对无息、贴息贷款合同免税。无息、贴息贷款合同是指我国的各专业银行按照国家金融政策发放的无息贷款，以及由各专业银行发放并按有关规定由财政部门或中国人民银行给予贴息的贷款项目所签订的贷款合同。一般情况下，无息、贴息贷款体现国家政策，满足特定时期的某种需要，其利息全部或者部分是由国家财政负担的，对这类合同征收印花税没有财政意义。

（3）对房地产管理部门与个人签订的用于生活居住的租赁合同免税。

（4）对农牧业保险合同免税。对该类合同免税，是为了支持农村保险事业的发展，减轻农牧业生产的负担。

（5）对与高校学生签订的高校学生公寓租赁合同免征印花税。

（6）对公租房经营管理单位建造管理公租房涉及的印花税予以免征。

五、征收管理

（一）纳税方法

印花税的纳税办法根据税额大小、贴花次数以及税收征收管理的需要，分别采用以下三种纳税办法：

（1）自行贴花办法。

（2）汇贴或汇缴办法。

（3）委托代征办法。这一办法主要是通过税务机关的委托，经由发放或者办理应纳税凭证的单位代为征收印花税税款，税务机关应与代征单位签订代征委托书。

（二）纳税环节

印花税应当在书立或领受时贴花，具体是指在合同签订时、账簿启用时和证照领受时贴花。如果合同是在国外签订，并且不便在国外贴花的，应在将合同带入境时办理贴花纳税手续。

(三)纳税地点

印花税一般实行就地纳税。对于全国性商品物资订货会(包括展销会、交易会等)上所签订合同应纳的印花税,由纳税人回其所在地后及时办理贴花完税手续;对地方主办、不涉及省际关系的订货会、展销会上所签合同的印花税,其纳税地点由各省、自治区、直辖市人民政府自行确定。

(四)纳税申报

印花税的纳税人应按照有关规定及时办理纳税申报,并如实填写《印花税纳税申报表》(见表7-1)。

(五)违章与处罚

印花税纳税人有下列行为之一的,由税务机关根据情节轻重予以处罚:

(1)在应纳税凭证上未贴或者少贴印花税票的或者已粘贴在应税凭证上的印花税票未注销或者未划销的,由税务机关追缴其不缴或者少缴的税款、滞纳金,并处不缴或者少缴的税款50%以上5倍以下的罚款。

(2)已贴用的印花税票揭下重用造成未缴或少缴印花税的,由税务机关追缴其不缴或者少缴的税款、滞纳金,并处不缴或者少缴的税款50%以上5倍以下的罚款;构成犯罪的,依法追究刑事责任。

(3)伪造印花税票的,由税务机关责令改正,处以2 000元以上1万元以下的罚款;情节严重的,处以1万元以上5万元以下的罚款;构成犯罪的,依法追究刑事责任。

(4)按期汇总缴纳印花税的纳税人,超过税务机关核定的纳税期限,未缴或少缴印花税款的,由税务机关追缴其不缴或者少缴的税款、滞纳金,并处未缴或者少缴的税款50%以上5倍以下的罚款;情节严重的,同时撤销其汇缴许可证;构成犯罪的,依法追究刑事责任。

(5)纳税人违反以下规定的,由税务机关责令限期改正,可处以2 000元以下的罚款;情节严重的,处以2 000元以上1万元以下的罚款。

1)凡汇总缴纳印花税的凭证,应加注税务机关指定的汇缴戳记,编号并装订成册后,将已贴印花或者缴款书的一联粘贴在附册后,盖章注销,保存备查。

2)纳税人对纳税凭证应妥善保存。凭证的保存期限,凡国家已有明确规定的按规定办理;没有明确规定的其余凭证均应在履行完毕后保存1年。

(6)代售户对取得的税款逾期不缴或者挪作他用,或者违反合同将所领印花税票转托他人代售或者转至其他地区销售,或者未按规定详细提供领、售印花税票情况的。税务机关可视其情节轻重,给予警告或者取消其代售资格的处罚。

表7-1 印花税纳税申报表

税款所属期限：自 年 月 日 至 年 月 日　　　　　　　　　　　　　　　　　填表日期： 年 月 日
纳税人识别号：　　　　　　　　　　　　　　　　　　　　　　　　　　　　　　金额单位：元（至角分）

纳税人信息	名称				所属行业			□单位 □个人	
	登记注册类型								
	身份证件号码				联系方式				
应税凭证名称	计税金额或件数	核定征收		适用税率	本期应纳税额	本期已缴税额	本期减免税额		本期应补（退）税额
		核定依据	核定比例				减免性质代码	减免额	
	1	2	4	5	6=1×5+2×4×5	7	8	9	10=6-7-9
购销合同				0.3‰					
加工承揽合同				0.5‰					
建设工程勘察设计合同				0.5‰					
建筑安装工程承包合同				0.3‰					
财产租赁合同				1‰					
货物运输合同				0.5‰					
仓储保管合同				1‰					
借款合同				0.05‰					
财产保险合同				1‰					
技术合同				0.3‰					
产权转移书据				0.5‰					

(续)

应税凭证名称	核定征收			适用税率	本期应纳税额	本期已缴税额	本期减免税额		本期应补(退)税额
	计税金额或件数	核定依据	核定比例				减免性质代码	减免额	
营业账簿(记载资金的账簿)		—		0.25‰					
营业账簿(其他账簿)		—		5					
权利、许可证照		—		5					
合计	—		—	—					

以下由纳税人填写:

纳税人声明：此纳税申报表是根据《中华人民共和国印花税暂行条例》和国家有关税收规定填报的，是真实的、可靠的、完整的。

纳税人签章　　　　　　　　　　　　　　代理人签章　　　　　代理人身份证号

以下由税务机关填写：

受理人	受理日期	年　月　日	受理税务机关签章

项目七　其他税费

【任务实施】

（1）完成初级税务专员基础与认知（CMAC三级）配套章节练习。

（2）完成初级税务专员基础与认知（CMAC三级）平台任务（参考CMAC试题操作指南）。

任务二　掌握房产税法律制度

【任务描述】
（1）掌握房产税纳税义务人；
（2）掌握房产税税目、税率；
（3）掌握房产税应纳税额的计算；
（4）掌握房产税征收管理。

【知识储备】

房产税法是指国家制定的调整房产税征收与缴纳之间权利及义务关系的法律规范。房产税是以房屋为征税对象，按照房屋的计税余值或租金收入，向产权所有人征收的一种财产税。征收房产税有利于地方政府筹集财政收入，也有利于加强房产管理。

一、房产税的纳税义务人

房产税以在征税范围内的房屋产权所有人为纳税人。其中：

（1）产权属国家所有的，由经营管理单位纳税；产权属集体和个人所有的，由集体单位和个人纳税。

（2）产权出典的，由承典人纳税。所谓产权出典是指产权所有人将房屋、生产资料等的产权，在一定期限内典当给他人使用而取得资金的一种融资业务。这种业务大多发生于出典人急需用款，但又想保留产权回赎权的情况。承典人向出典人交付一定的典价之后，在质典期内即获抵押物品的支配权，并可转典。产权的典价一般要低于卖价。出典人在规定期间内须归还典价的本金和利息，方可赎回出典房屋等的产权。由于在房屋出典期间，产权所有人已无权支配房屋，因此，税法规定由对房屋具有支配权的承典人为纳税人。

（3）产权所有人、承典人不在房屋所在地的，或者产权未确定及租典纠纷未解决的，由房产代管人或者使用人纳税。所谓租典纠纷是指产权所有人在房产出典和租赁关系上，与承典人、租赁人发生各种争议，特别是权利和义务的争议悬而未决的。此外还有一些产权归属不清的问题，也都属于租典纠纷。对租典纠纷尚未解决的房产，规定由代管人或使用人为纳税人，主要目的在于加强征收管理，保证房产税及时入库。

（4）无租使用其他房产的问题。纳税单位和个人无租使用房产管理部门、免税单位及纳税单位的房产，应由使用人代为缴纳房产税。

（5）自2009年1月1日起，外商投资企业，外国企业和组织以及外籍个人，依照《中华人民共和国房产税暂行条例》（以下简称《房产税暂行条例》）缴纳房产税。

二、房产税的征税对象

房产税以房产为征税对象。所谓房产是指有屋面和围护结构（有墙或两边有柱），能够遮风避雨，可供人们在其中生产、学习、工作、娱乐、居住或储藏物资的场所。房地产开发企业建造的商品房在出售前，不征收房产税；但对出售前房地产开发企业已使用或出租、出借的商品房应按规定征收房产税。

三、房产税的征税范围

房产税的征税范围为城市、县城、建制镇和工矿区。具体规定如下：
（1）城市是指国务院批准设立的市。
（2）县城是指县人民政府所在地的地区。
（3）建制镇是指经省、自治区、直辖市人民政府批准设立的建制镇。
（4）工矿区是指工商业比较发达、人口比较集中、符合国务院规定的建制镇标准但尚未设立建制镇的大中型工矿企业所在地。开征房产税的工矿区须经省、自治区、直辖市人民政府批准。

房产税的征税范围不包括农村，这主要是为了减轻农民的负担。因为农村的房屋，除农副业生产用房外，大部分是农民居住用房。农村房屋不纳入房产税征税范围，有利于农业发展，繁荣农村经济，促进社会稳定。

四、房产税的税率和计税依据

（一）税率

我国现行房产税采用的是比例税率。由于房产税的计税依据分为从价计征和从租计征两种形式，所以房产税的税率也有两种：一种是按房产原值一次减除10%～30%后的余值计征的，税率为1.2%；另一种是按房产出租的租金收入计征的，税率为12%。从2001年1月1日起，对个人按市场价格出租的居民住房，用于居住的，可暂减按4%的税率征收房产税。自2008年3月1日起，对个人出租住房，不区分用途，按4%的税率征收房产税。

（二）计税依据

房产税的计税依据是房产的计税价值或房产的租金收入。按照房产计税价值征税的，称为从价计征；按照房产租金收入计征的，称为从租计征。

1. 从价计征

《房产税暂行条例》规定，房产税依照房产原值一次减除10%～30%后的余值计算缴纳。各地扣除比例由当地省、自治区、直辖市人民政府确定。

房产原值是指纳税人按照会计制度规定，在会计核算账簿"固定资产"科目中记载的房屋原价。因此，凡按会计制度规定在账簿中记载有房屋原价的，应以房屋原价按规定减除一定比例后作为房产余值计征房产税；没有记载房屋原价的，按照上述原则，并参照同类房屋确定房产原值，按规定计征房产税。

值得注意的是：自2009年1月1日起，对依照房产原值计税的房产，不论是否记载在会计账簿固定资产科目中，均应按照房屋原价计算缴纳房产税。房屋原价应根据国家有关会计制度规定进行核算。对纳税人未按国家会计制度规定核算并记载的，应按规定予以调整或重新评估。

房产原值应包括与房屋不可分割的各种附属设备或一般不单独计算价值的配套设施，主要有：暖气、卫生、通风、照明、煤气等设备；各种管线，如蒸汽、压缩空气、石油、给水排水等管道及电力、电信、电缆导线；电梯、升降机、过道、晒台等。属于房屋附属设备的水管、下水道、暖气管、煤气管等应从最近的探视井或三通管起，计算原值；电灯网、照明线从进线盒连接管起，计算原值。

自2006年1月1日起，为了维持和增加房屋的使用功能或使房屋满足设计要求，凡以房屋为载体，不可随意移动的附属设备和配套设施，如给排水、采暖、消防、中央空调、电气及智能化楼宇设备等，无论在会计核算中是否单独记账与核算，都应计入房产原值，计征房产税。对于更换房屋附属设备和配套设施的，在将其价值计入房产原值时，可扣减原来相应设备和设施的价值；对附属设备和配套设施中易损坏、需要经常更换的零配件，更新后不再计入房产原值。

2. 从租计征

《房产税暂行条例》规定，房产出租的以房产租金收入为房产税的计税依据。

所谓房产的租金收入是房屋产权所有人出租房产使用权所得的报酬，包括货币收入和实物收入。

如果是以劳务或者其他形式为报酬抵付房租收入的，应根据当地同类房产的租金水平，确定一个标准租金额从租计征。

对出租房产，租赁双方签订的租赁合同约定有免收租金期限的，免收租金期间由产权所有人按照房产原值缴纳房产税。出租的地下建筑，按照出租地上房屋建筑的有关规定计算征收房产税。

五、应纳税额的计算

房产税的计税依据有两种，与之相适应的应纳税额计算也分为两种：一是从价计征的计算；二是从租计征的计算。

（1）从价计征的计算

从价计征是按房产的原值减除一定比例后的余值计征，其计算公式为：

$$应纳税额 = 应税房产原值 \times (1- 扣除比例) \times 1.2\%$$

如前所述，房产原值是"固定资产"科目中记载的房屋原价；减除一定比例是省、自治区、直辖市人民政府规定的10%~30%的减除比例；计征的适用税率为1.2%。

【例题 7-2】 计算题

某企业的经营用房原值为5 000万元，按照当地规定允许减除30%后按余值计税，适用税率为1.2%。请计算其应纳房产税税额。

$$应纳税额 = 5 000 \times (1-30\%) \times 1.2\% = 42（万元）$$

（2）从租计征的计算

从租计征是按房产的租金收入计征，其计算公式为：

$$应纳税额 = 租金收入 \times 12\%（或 4\%）$$

【例题 7-3】 计算题

某公司出租房屋10间，年租金收入为300 000元，适用税率为12%，请计算其应纳房产税税额。

$$应纳税额 = 300 000 \times 12\% = 36 000（元）$$

六、税收优惠

房产税的税收优惠是根据国家政策需要和纳税人的负担能力制定的。由于房产税属地方税,因此给予地方一定的减免权限,有利于地方因地制宜地处理问题。目前,房产税的税收优惠政策主要有:

(1)国家机关、人民团体、军队自用的房产免征房产税。但上述免税单位的出租房产以及非自身业务使用的生产、营业用房,不属于免税范围。

上述"人民团体"是指经国务院授权的政府部门批准设立或登记备案并由国家拨付行政事业费的各种社会团体。

上述"自用的房产"是指这些单位本身的办公用房和公务用房。

(2)由国家财政部门拨付事业经费的单位,如学校、医疗卫生单位、托儿所、幼儿园、敬老院、文化、体育、艺术这些实行全额或差额预算管理的事业单位所有的,本身业务范围内使用的房产免征房产税。

(3)宗教寺庙、公园、名胜古迹自用的房产免征房产税。

宗教寺庙自用的房产是指举行宗教仪式等的房屋和宗教人员使用的生活用房。

公园、名胜古迹自用的房产是指供公共参观游览的房屋及其管理单位的办公用房。

宗教寺庙、公园、名胜古迹中附设的营业单位,如影剧院、饮食部、茶社、照相馆等所使用的房产及出租的房产,不属于免税范围,应照章纳税。

(4)个人所有非营业用的房产免征房产税。

个人所有的非营业用房主要是指居民住房,不分面积多少,一律免征房产税。

对个人拥有的营业用房或者出租的房产,不属于免税房产,应照章纳税。

(5)经财政部批准免税的其他房产,主要有:

1)对非营利性医疗机构、疾病控制机构和妇幼保健机构等卫生机构自用的房产,免征房产税。

2)从2001年1月1日起,对按政府规定价格出租的公有住房和廉租住房,包括企业和自收自支事业单位向职工出租的单位自有住房,房管部门向居民出租的公有住房,落实私房政策中代户发还产权并以政府规定租金标准向居民出租的私有住房等,暂免征收房产税。

3)经营公租房的租金收入免征房产税。公共租赁住房经营管理单位应单独核算公共租赁住房租金收入,未单独核算的,不得享受免征房产税优惠政策。

七、征收管理

（一）纳税义务发生时间

（1）纳税人将原有房产用于生产经营，从生产经营之月起缴纳房产税。

（2）纳税人自行新建房屋用于生产经营，从建成之次月起缴纳房产税。

（3）纳税人委托施工企业建设的房屋，从办理验收手续之次月起缴纳房产税。

（4）纳税人购置新建商品房，自房屋交付使用之次月起缴纳房产税。

（5）纳税人购置存量房，自办理房屋权属转移、变更登记手续，房地产权属登记机关签发房屋权属证书之次月起，缴纳房产税。

（6）纳税人出租、出借房产，自交付出租、出借房产之次月起，缴纳房产税。

（7）房地产开发企业自用、出租、出借本企业建造的商品房，自房屋使用或交付之次月起，缴纳房产税。

（8）自2009年1月1日起，纳税人因房产的实物或权利状态发生变化而依法终止房产税纳税义务的，其应纳税款的计算应截止到房产的实物或权利状态发生变化的当月末。

（二）纳税期限

房产税实行按年计算、分期缴纳的征收方法，具体纳税期限由省、自治区、直辖市人民政府确定。

（三）纳税地点

房产税在房产所在地缴纳。房产不在同一地方的纳税人，应按房产的坐落地点分别向房产所在地的税务机关纳税。

（四）纳税申报

房产税的纳税人应按照条例的有关规定，及时办理纳税申报，并如实填写《房产税纳税申报表》（见表7-2）。

【任务实施】

（1）完成初级税务专员基础与认知（CMAC三级）配套章节练习。

（2）完成初级税务专员基础与认知（CMAC三级）平台任务（参考CMAC试题操作指南）。

表 7-2 房产税纳税申报表（汇总版）

税款所属期：自 年 月 日 至 年 月 日　　　　金额单位：元至角分　　　填表日期：年 月 日

纳税人识别号：□□□□□□□□□□□□□□□□□□　　　　　　　　　　　　　　　　　　面积单位：平方米

纳税人信息	名称	*	纳税人分类	
	登记注册类型		所属行业	
	身份证件类型	身份证□　护照□　其他□	身份证件号码	
	联系人		联系方式	

一、从价计证房产税

	房产原值	其中：出租房产原值	计税比例	税率	所属期起	所属期止	本期应纳税额	本期减免税额	本期已缴税额	本期应补（退）税额
1										
2										
3										
合计	*	*	*	*	*	*				

二、从租计证房产税

	本期申报租金收入	税率	本期应纳税额	本期减免税额	本期已缴税额	本期应补（退）税额
1						
2						
3						
合计	*	*				

以下由纳税人填写：

纳税人声明	
纳税人签章	代理人签章	代理人身份证号

以下由税务机关填写：

受理人	受理日期	年 月 日	受理税务机关签章

本表一式两份，一份纳税人留存，一份税务机关留存。

任务三　掌握资源税法律制度

【任务描述】
（1）掌握资源税纳税义务人；
（2）掌握资源税税目、税率；
（3）掌握资源税应纳税额的计算；
（4）掌握资源税征收管理。

【知识储备】

2019年8月26日，第十三届全国人民代表大会常务委员会第十二次会议审议通过了《中华人民共和国资源税法》（以下简称《资源税法》），并自2020年9月1日起施行。1993年12月25日国务院发布的《中华人民共和国资源税暂行条例》（以下简称《资源税暂行条例》）同时废止。

一、资源税纳税义务人、税目与税率

（一）纳税义务人

资源税是以应税资源为课税对象，对在中华人民共和国领域和中华人民共和国管辖的其他海域开发应税资源的单位和个人，就其应税资源销售额或销售数量为计税依据而征收的一种税。资源税的纳税人是指在中华人民共和国领域和中华人民共和国管辖的其他海域开发应税资源的单位和个人。

依照《资源税法》的原则，对取用地表水或者地下水的单位和个人试点征收水资源税。征收水资源税的，停止征收水资源费。

中外合作开采陆上、海上石油资源的企业依法缴纳资源税。

2011年11月1日前已依法订立中外合作开采陆上、海上石油资源合同的，在该合同有效期内，继续依照国家有关规定缴纳矿区使用费，不缴纳资源税；合同期满后，依法缴纳资源税。

（二）税目

资源税的税目反映了征收资源税的具体范围，是资源税课税对象的具体表现形式。

《资源税法》以正列举的方式统一规范了税目，共列举了30多种主要资源的品目，没有列举的由省级人民政府具体确定。《资源税法》对税目进行了统一的规范，将所有的应税资源产品都在税法中一一列明。

《资源税法》共设置5个一级税目17个二级子税目。《资源税法》在总结了《资源税暂行条例》及有关规定中资源税应税品目的基础上，将目前所有的应税资源产品都在税法中以正列举方式逐一列明，所列的具体税目有164个，各税目的征税对象包括原矿或选矿，涵盖了所有已经发现的矿种和盐。根据《资源税法》的规定，对取用地表水或者地下水的单位和个人试点征收水资源税。

应税资源的具体范围，由《资源税法》所附《资源税税目税率表》（以下简称《税目税率表》）确定，具体见表7-3。

表7-3 资源税税目税率表

税目			征税对象	税率
能源矿产	原油		原矿	6%
	天然气、页岩气、天然气水合物		原矿	6%
	煤		原矿或者选矿	2%～10%
	煤成（层）气		原矿	1%～2%
	铀、钍		原矿	4%
	油页岩、油砂、天然沥青、石煤		原矿或者选矿	1%～4%
	地热		原矿	1%～20%或者每立方米1～30元
金属矿产	黑色金属	铁、锰、铬、钒、钛	原矿或者选矿	1%～9%
	有色金属	铜、铅、锌、锡、镍、锑、镁、钴、铋、汞	原矿或者选矿	2%～10%
		铝土矿	原矿或者选矿	2%～9%
		钨	选矿	6.5%
		钼	选矿	8%
		金、银	原矿或者选矿	2%～6%
		铂、钯、钌、锇、铱、铑	原矿或者选矿	5%～10%
		轻稀土	选矿	7%～12%
		中重稀土	选矿	20%
		铍、锂、锆、锶、铷、铯、铌、钽、锗、镓、铟、铊、铪、铼、镉、硒、碲	原矿或者选矿	2%～10%

（续）

税目			征税对象	税率
非金属矿产	矿物类	高岭土	原矿或者选矿	1%～6%
		石灰岩	原矿或者选矿	1%～6%或者每吨（或者每立方米）1～10元
		磷	原矿或者选矿	3%～8%
		石墨	原矿或者选矿	3%～12%
		萤石、硫铁矿、自然硫	原矿或者选矿	1%～8%
		天然石英砂、脉石英、粉石英、水晶、工业用金刚石、冰洲石、蓝晶石、硅线石（矽线石）、长石、滑石、刚玉、菱镁矿、颜料矿物、天然碱、芒硝、钠硝石、明矾石、砷、硼、碘、溴、膨润土、硅藻土、陶瓷土、耐火黏土、铁矾土、凹凸棒石粘土、海泡石黏土、伊利石粘土、累托石黏土	原矿或者选矿	1%～12%
		叶腊石、硅灰石、透辉石、珍珠岩、云母、沸石、重晶石、毒重石、方解石、蛭石、透闪石、工业用电气石、白垩、石棉、蓝石棉、红柱石、石榴子石、石膏	原矿或者选矿	2%～12%
		其他黏土（铸型用黏土、砖瓦用黏土、陶粒用黏土、水泥配料用黏土、水泥配料用红土、水泥配料用黄土、水泥配料用泥岩、保温材料用黏土）	原矿或者选矿	1%～5%或者每吨（或者每立方米）0.15元
	岩石类	大理岩、花岗岩、白云岩、石英岩、砂岩、辉绿岩、安山岩、闪长岩、板岩、玄武岩、片麻岩、角闪岩、页岩、浮石、凝灰岩、黑曜岩、霞石正长岩、蛇纹岩、麦饭岩、泥灰岩、含钾岩石、含钾砂页岩、天然油石、橄榄岩、松脂岩、粗面岩、辉长岩、辉石岩、正长岩、火山灰、火山渣、泥炭	原矿或者选矿	1%～10%
		砂石	原矿或者选矿	1%～5%或者每吨（或者每立方米）0.1～5元
	宝玉石类	宝石、玉石、宝石级金刚石、玛瑙、黄玉、碧玺	原矿或者选矿	4%～20%

(续)

税目		征税对象	税率
水气矿产	二氧化碳气、硫化氢气、氦气、氡气	原矿	2%～5%
	矿泉水	原矿	1%～20%或者每立方米1～30元
盐	钠盐、钾盐、镁盐和锂盐	选矿	3%～15%
	天然卤水	原矿	3%～15%每吨（或者每立方米）1～10元
	海盐		2%～5%

（三）税率

1. 税率（额）的具体规定

《资源税法》规定，对大部分应税资源实行从价计征或者从量计征，因此，税率形式有比例税率和定额税率两种。资源税的税率（额）标准，依照《税目税率表》执行，具体情况见表7-3。

2. 税率（额）确定的依据

（1）《税目税率表》中规定实行幅度税率的，其具体适用税率由省、自治区、直辖市人民政府统筹考虑该应税资源的品位、开采条件以及对生态环境的影响等情况，在《税目税率表》规定的税率幅度内提出，报同级人民代表大会常务委员会决定，并报全国人民代表大会常务委员会和国务院备案。

（2）《税目税率表》中规定征税对象为原矿或者选矿的，应当分别确定具体适用税率。

（3）水资源根据当地水资源状况、取用水类型和经济发展等情况实行差别税率。

（4）纳税人开采或者生产不同税目应税产品的，应当分别核算不同税目应税产品的销售额或者销售数量；未分别核算或者不能准确提供不同税目应税产品的销售额或者销售数量的，从高适用税率。

二、资源税计税依据与应纳税额的计算

根据《资源税法》规定，资源税实行从价计征或者从量计征。

纳税人开采或者生产应税产品自用的，应当按照《资源税法》规定缴纳资源税；但是，自用于连续生产应税产品的，不缴纳资源。

（一）计税依据

从价计征资源税的计税依据为应税资源产品（以下称应税产品）的销售额。应税产品为矿产品的，包括原矿和选矿产品。

从量定额征收的资源税的计税依据是应税产品的销售数量。

（二）应纳税额的计算

（1）实行从价计征的，应纳税额按照应税产品的销售额乘以具体适用税率计算。计算公式为：

$$应纳税额 = 销售额 \times 适用税率$$

【例题7-4】 计算题

某油田2020年3月销售原油20 000吨，开具增值税专用发票取得销售额10 000万元、增值税税额1 300万元，按《税目税率表》的规定，其适用的税率为6%，请计算该油田2020年3月应缴纳的资源税。

答案：应纳税额 =10 000 × 6%=600（万元）

（2）实行从量计征的，应纳税额按照应税产品的销售数量乘以具体适用税率计算。计算公式为：

$$应纳税额 = 销售数量 \times 单位税额$$

【例题7-5】 计算题

假设某矿泉水生产企业2020年3月开发生产矿泉水7 800立方米，本月销售7 000立方米。该企业所在省政府规定，矿泉水实行定额征收资源税，资源税税率为5元/立方米。请计算该企业2020年3月应缴纳的资源税。

答案：应纳税额 =7 000 × 5=35 000（元）

三、资源税税收优惠和征收管理

（一）免征规定

有下列情形之一的，免征资源税：

（1）开采原油以及在油田范围内运输原油过程中用于加热的原油、天然气。

（2）煤炭开采企业因安全生产需要抽采的煤成（层）气。

（二）减征规定

有下列情形之一的，减征资源税：
（1）从低丰度油气田开采的原油、天然气，减征20%资源税。
（2）高含硫天然气、三次采油和从深水油气田开采的原油、天然气，减征30%资源税。
（3）稠油、高凝油减征40%资源税。
（4）从衰竭期矿山开采的矿产品，减征30%资源税。

根据国民经济和社会发展需要，国务院对有利于促进资源节约集约利用、保护环境等情形可以规定免征或者减征资源税，报全国人民代表大会常务委员会备案。

（三）由省、自治区、直辖市决定的免征或者减征规定

有下列情形之一的，省、自治区、直辖市可以决定免征或者减征资源税：
（1）纳税人开采或者生产应税产品过程中，因意外事故或者自然灾害等原因遭受重大损失。
（2）纳税人开采共伴生矿、低品位矿、尾矿。

上述规定的免征或者减征资源税的具体办法，由省、自治区、直辖市人民政府提出，报同级人民代表大会常务委员会决定，并报全国人民代表大会常务委员会和国务院备案。

纳税人的免税、减税项目，应当单独核算销售额或者销售数量；未单独核算或者不能准确提供销售额或者销售数量的，不予免税或者减税。

（四）增值税小规模纳税人的优惠

为贯彻落实党中央、国务院决策部署，进一步支持小微企业发展，根据《财政部税务总局关于实施小微企业普惠性税收减免政策的通知》（财税〔2019〕13号）规定，自2019年1月1日至2021年12月31日，省、自治区、直辖市人民政府根据本地区实际情况，以及宏观调控需要确定，对增值税小规模纳税人可以在50%的税额幅度内减征资源税。增值税一般纳税人按规定转登记为小规模纳税人的，自成为小规模纳税人的当月起适用减征优惠。

（五）纳税义务时间

纳税义务的发生时间是指纳税人发生应税行为、应当承担纳税义务的起始时间。纳税人销售应税产品，纳税义务发生时间为收讫销售款或者取得索取销售款凭据的当日；自用应税产品的，纳税义务发生时间为移送应税产品的当日。

（六）纳税期限

资源税按月或者按季申报缴纳；不能按固定期限计算缴纳的，可以按次申报缴纳。

纳税人按月或者按季申报缴纳的，应当自月度或者季度终了之日起15日内，向税务机关办理纳税申报并缴纳税款；按次申报缴纳的，应当自纳税义务发生之日起15日内，向税务机关办理纳税申报并缴纳税款。

（七）纳税地点

纳税人应当在应税产品开采地或者生产地的税务机关申报缴纳资源税。

【任务实施】

（1）完成初级税务专员基础与认知（CMAC三级）配套章节练习。

（2）完成初级税务专员基础与认知（CMAC三级）平台任务（参考CMAC试题操作指南）。

任务四　掌握车辆购置税法律制度

【任务描述】

（1）掌握车辆购置税纳税义务人；

（2）掌握车辆购置税税率与计税依据；

（3）掌握车辆购置税应纳税额的计算；

（4）掌握车辆购置税征收管理。

【知识储备】

2018年12月29日，第十三届全国人民代表大会常务委员会第七次会议通过《中华人民共和国车辆购置税法》，代表中华人民共和国车辆购置税暂行条例正式升级成法律，自2019年7月1日起施行。2000年10月22日国务院公布的《中华人民共和国车辆购置税暂行条例》同时废止。

一、纳税义务人与征税范围

（一）纳税义务人

车辆购置税是以在中国境内购置规定车辆为课税对象、在特定的环节向车辆购置者征收的一种税。就其性质而言，属于直接税的范畴。

车辆购置税的纳税人是指在我国境内购置应税车辆的单位和个人。其中购置是指购买使用行为、进口使用行为、受赠使用行为、自产自用行为、获奖使用行为以及以拍卖、抵债、走私、罚没等方式取得并使用的行为，这些行为都属于车辆购置税的应税行为。

车辆购置税的纳税人具体是指：

（1）所称单位，包括国有企业、集体企业、私营企业、股份制企业、外商投资企业、外国企业以及其他企业，事业单位、社会团体、国家机关、部队以及其他单位。

（2）所称个人，包括个体工商户及其他个人，既包括中国公民又包括外国公民。

（二）征税范围

车辆购置税的征税范围包括汽车、排气量超过一百五十毫升的摩托车、有轨电车、汽车挂车。为了体现税法的统一性、固定性、强制性和法律的严肃性特征，车辆购置税征收范围的，由国务院决定，其他任何部门、单位和个人无权擅自扩大或缩小车辆购置税的征税范围。

二、税率与计税依据

（一）税率

车辆购置税实行统一比例税率，税率为10%。

（二）计税依据

车辆购置税以应税车辆为课税对象，考虑到我国车辆市场供求的矛盾，价格差异变化，计量单位不规范以及征收车辆购置附加费的做法，实行从价定率、价外征收的方法计算应纳税额，应税车辆的价格即计税价格就成为车辆购置税的计税依据。但是，由于应税车辆购置的来源不同，应税行为的发生不同，计税价格的组成也就不一样。车辆购置税的计税依据有以下几种情况：

（1）购买自用应税车辆计税依据的确定

纳税人购买自用的应税车辆，计税价格为纳税人购买应税车辆而实际支付给销售者的全部价款，不包含增值税税款。

购买的应税自用车辆包括购买自用的国产应税车辆和购买自用的进口应税车辆，如从国内汽车市场、汽车贸易公司购买自用的进口应税车辆。

（2）进口自用应税车辆计税依据的确定

纳税人进口自用的应税车辆以组成计税价格为计税依据，组成计税价格的计算公式为：

$$组成计税价格 = 关税完税价格 + 关税 + 消费税$$

进口自用的应税车辆是指纳税人直接从境外进口或委托代理进口自用的应税车辆，即非贸易方式进口自用的应税车辆。而且进口自用的应税车辆的计税依据，应根据纳税人提供的、经海关审查确认的有关完税证明资料确定。

纳税人购买自用或者进口自用应税车辆，申报的计税价格低于同类型应税车辆的最低计税价格，又无正当理由的，计税价格为国家税务总局核定的最低计税价格。

（3）其他自用应税车辆计税依据的确定

纳税人自产自用应税车辆的计税价格，按照纳税人生产的同类应税车辆的销售价格确定，不包括增值税税款；纳税人以受赠、获奖或者其他方式取得自用应税车辆的计税价格，按照购置应税车辆时相关凭证载明的价格确定，不包括增值税税款。

纳税人申报的应税车辆计税价格明显偏低，又无正当理由的，由税务机关依照《税收征收管理法》的规定核定其应纳税额。

国家税务总局未核定最低计税价格的车辆，计税价格为纳税人提供的有效价格证明注明的价格。有效价格证明注明的价格明显偏低的，主管税务机关有权核定应税车辆的计税价格。

进口旧车、因不可抗力因素导致受损的车辆、库存超过3年的车辆、行驶8万公里以上的试验车辆、国家税务总局规定的其他车辆，计税价格为纳税人提供的有效价格证明注明的价格。纳税人无法提供车辆有效价格证明的，主管税务机关有权核定应税车辆的计税价格。

免税条件消失的车辆，自初次办理纳税申报之日起，使用年限未满10年的，计税价格以免税车辆初次办理纳税申报时确定的计税价格为基准，每满1年扣减10%；未满1年的，计税价格为免税车辆的原计税价格；使用年限10年（含）以上的，计税价格为0。

三、应纳税额的计算

车辆购置税实行从价定率的方法计算应纳税额,计算公式为:

$$应纳税额 = 计税依据 \times 税率$$

由于应税车辆的来源、应税行为的发生以及计税依据组成的不同,因而,车辆购置税应纳税额的计算方法也有区别。

(一)购买自用应税车辆应纳税额的计算

在应纳税额的计算当中,应注意以下费用的计税规定:

(1)购买者随购买车辆支付的工具件和零部件价款应作为购车价款的一部分,并入计税依据中征收车辆购置税。

(2)支付的车辆装饰费应作为价外费用并入计税依据中计税。

(3)代收款项应区别征税。凡使用代收单位(受托方)票据收取的款项,应视作代收单位价外收费,购买者支付的价费款,应并入计税依据中一并征税;凡使用委托方票据收取,受托方只履行代收义务和收取代收手续费的款项,应按其他税收政策规定征税。

(4)销售单位开给购买者的各种发票金额中包含增值税税款,因此,计算车辆购置税时,应换算为不含增值税的计税价格。

(5)购买者支付的控购费,是政府部门的行政性收费,不属于销售者的价外费用范围,不应并入计税价格计税。

(6)销售单位开展优质销售活动所开票收取的有关费用,应属于经营性收入,企业在代理过程中按规定支付给有关部门的费用,企业已作经营性支出列支核算,其收取的各项费用并在一张发票上难以划分的,应作为价外收入计算征税。

【例题7-6】计算题

宋某2020年12月份从某汽车有限公司购买一辆小汽车供自己使用,支付了含增值税税款在内的款项234 000元,另支付代收临时牌照费550元、代收保险费1 000元,支付购买工具件和零配件价款3 000元,车辆装饰费1 300元。所支付的款项均由该汽车有限公司开具"机动车销售统一发票"和有关票据。请计算宋某应纳车辆购置税。

答案:①计税依据 =(234 000+550+1 000+3 000+1 300)÷(1+13%)=212 256.64(元)

②应纳税额 = 212 256.64 × 10%=21 225.66(元)

(二)进口自用应税车辆应纳税额的计算

纳税人进口自用的应税车辆应纳税额的计算公式为:

应纳税额 =（关税完税价格 + 关税 + 消费税）× 税率

【例题 7-7】 计算题

某外贸进出口公司从国外进口 10 辆宝马公司生产的某型号小轿车。该公司报关进口这批小轿车时，经报关地海关对有关报关资料的审查，确定关税完税价格为每辆 185 000 元人民币，海关按关税政策规定每辆征收了关税 203 500 元，并按消费税、增值税有关规定分别代征了每辆小轿车的进口消费税 11 655 元和增值税 50 505 元。由于联系业务需要，该公司将一辆小轿车留在本单位使用。根据以上资料，计算应纳车辆购置税。

答案：①计税依据 = 185 000 + 203 500 + 11 655 = 400 155（元）
　　　②应纳税额 = 400 155 × 10% = 40 015.5（元）

（三）其他自用应税车辆应纳税额的计算

纳税人自产自用、受赠使用、获奖使用和以其他方式取得并自用应税车辆的，凡不能取得该型车辆的购置价格，或者低于最低计税价格的，以国家税务总局核定的最低计税价格作为计税依据计算征收车辆购置税，其计算公式为：

应纳税额 = 最低计税价格 × 税率

【例题 7-8】 计算题

某客车制造厂将自产的一辆某型号的客车，用于本厂后勤服务，该厂在办理车辆上牌落籍前，出具该车的发票，注明金额 65 000 元，并按此金额向主管税务机关申报纳税。经审核，国家税务总局对该车同类型车辆核定的最低计税价格为 80 000 元。计算该车应纳车辆购置税。

答案：应纳税额 = 80 000 × 10% = 8 000（元）

四、税收优惠

（一）车辆购置税减免税规定

我国车辆购置税实行法定减免，减免税范围的具体规定是：

（1）依照法律规定应当予以免税的外国驻华使馆、领事馆和国际组织驻华机构及其有关人员自用的车辆免税。

（2）中国人民解放军和中国人民武装警察部队列入军队武器装备订货计划的车辆免税。

（3）设有固定装置的非运输车辆免税。

（4）城市公交企业购置的公共汽电车辆免税。

（5）根据国民经济和社会发展的需要，国务院可以规定减征或者其他免征车辆购置税的情形，报全国人民代表大会常务委员会备案。

根据现行政策规定，上述其他情形的车辆，目前主要有以下几种：

1）防汛部门和森林消防部门用于指挥、检查、调度、报汛（警）、联络的设有固定装置的指定型号的车辆。

2）回国服务的留学人员用现汇购买 1 辆自用国产小汽车。

3）长期来华定居专家进口 1 辆自用小汽车。

（6）免税、减税车辆因转让、改变用途等原因不再属于免税、减税范围的，计税价格以免税、减税车辆初次办理纳税申报时确定的计税价格为基准，每满一年扣减 10%。

（二）车辆购置税的退税

纳税人将已征车辆购置税的车辆退回车辆生产企业或者销售企业的，可以向主管税务机关申请退还车辆购置税。退税额以已缴税款为基准，自缴纳税款之日至申请退税之日，每满一年扣减 10%。

五、征收管理

根据 2018 年 12 月 29 日第十三届全国人民代表大会常务委员会第七次会议通过《中华人民共和国车辆购置税法》，车辆购置税的征收管理依照本法和《税收征收管理法》的规定执行。

（一）纳税申报

纳税人在办理纳税申报时应如实填写《车辆购置税纳税申报表》，主管税务机关应对纳税申报资料进行审核，确定计税依据，征收税款，核发完税证明。征税车辆在完税证明征税栏加盖车购税征税专用章，免税车辆在完税证明免税栏加盖车购税征税专用章。完税后，由税务机关保存有关复印件，并对已经办理纳税申报的车辆建立车辆购置税征收管理档案。主管税务机关在为纳税人办理纳税申报手续时，对设有固定装置的非运输车辆应当实地验车。同时，车辆购置税的申报还应注意以下几点：

（1）纳税人应到下列地点办理车辆购置税纳税申报：

①纳税人购置应税车辆，应当向车辆登记地的主管税务机关申报缴纳车辆购置税。

②购置不需要办理车辆登记的应税车辆，应当向纳税人所在地的主管税务机关申

报缴纳车辆购置税。

（2）车辆购置税实行一车一申报制度。

（3）纳税人购买自用应税车辆的，应自购买之日起 60 日内申报纳税；进口自用应税车辆的，应自进口之日起 60 日内申报纳税；自产、受赠、获奖或者以其他方式取得并自用应税车辆的，应自取得之日起 60 日内申报纳税。

（4）免税、减税车辆因转让、改变用途等原因不再属于免税、减税范围的，纳税人应当在办理车辆转移登记或者变更登记前缴纳车辆购置税。

（5）纳税人办理纳税申报时应如实填写《车辆购置税纳税申报表》，同时提供以下资料：

1）纳税人身份证明。
2）车辆价格证明。
3）车辆合格证明。
4）税务机关要求提供的其他资料。

（二）纳税环节

车辆购置税的征税环节为使用环节，即最终消费环节。具体而言，纳税人应当在向公安机关等车辆管理机构办理车辆登记注册手续前，缴纳车辆购置税。

公安机关交通管理部门办理车辆注册登记，应当根据税务机关提供的应税车辆完税或者免税电子信息对纳税人申请登记的车辆信息进行核对，核对无误后依法办理车辆注册登记。

（三）纳税地点

纳税人购置应税车辆，应当向车辆登记注册地的主管税务机关申报纳税；购置不需办理车辆登记注册手续的应税车辆，应当向纳税人所在地主管税务机关申报纳税。车辆登记注册地是指车辆的上牌落籍地或落户地。

（四）纳税期限

纳税人购买自用的应税车辆，自购买之日起 60 日内申报纳税；进口自用的应税车辆，应当自进口之日起 60 日内申报纳税；自产、受赠、获奖和以其他方式取得并自用的应税车辆，应当自取得之日起 60 日内申报纳税。

上述的"购买之日"是指纳税人购车发票上注明的销售日期；"进口之日"是指纳税人报关进口的当天。

【任务实施】

（1）完成初级税务专员基础与认知（CMAC 三级）配套章节练习。

（2）完成初级税务专员基础与认知（CMAC 三级）平台任务（参考 CMAC 试题操作指南）。

任务五　掌握土地增值税法律制度

【任务描述】

（1）掌握土地增值税纳税义务人；

（2）掌握土地增值税征税范围、税率；

（3）掌握土地增值税应纳税额的计算；

（4）掌握土地增值税征收管理。

【知识储备】

一、纳税义务人

土地增值税的纳税义务人为转让国有土地使用权、地上的建筑及其附着物（以下简称"转让房地产"）并取得收入的单位和个人。单位包括各类企业、事业单位、国家机关和社会团体及其他组织，个人包括个体经营者。

概括起来，《中华人民共和国土地增值税暂行条例》（以下简称《土地增值税暂行条例》）对纳税人的规定主要有以下四个特点：

（1）不论法人与自然人。即不论是企业、事业单位、国家机关、社会团体及其他组织，还是个人，只要有偿转让房地产，都是土地增值税的纳税人。

（2）不论经济性质。即不论是全民所有制企业、集体企业、私营企业、个体经营者，还是联营企业、合资企业、合作企业、外商独资企业等，只要有偿转让房地产，都是土地增值税的纳税人。

（3）不论内资与外资企业、中国公民与外籍个人。根据 1993 年 12 月 29 日第八届全国人大第五次常务委员会通过的《全国人大常委会关于外商投资企业和外国企业适用增值税、消费税、营业税等税收暂行条例的决定》和《国务院关于外商投资企业和外国企业适用增值税、消费税、营业税等税收暂行条例的有关问题的通知》，以及《国家税务总局关于外商投资企业和外国企业及外籍个人适用税种问题的通知》等的规定，土地增值税适用于涉外企业和个人。因此，不论是内资企业、外商投资企业、外国驻华机构，也不论是中国公民、海外华侨、外国公民，只要有偿转让房地产，都是土地增值税的纳税人。

（4）不论部门。即不论是工业、农业、商业、学校、医院、机关等，只要有偿转让房地产，都是土地增值税的纳税人。

二、征税范围

土地增值税是对转让国有土地使用权及地上建筑物和附着物征收。

（一）基本征收范围

土地增值税是对转让国有土地使用权及其地上建筑物和附着物的行为征税，不包括国有土地使用权出让所取得的收入。

国有土地使用权出让是指国家以土地所有者的身份将土地使用权在一定年限内让与土地使用者，并由土地使用者向国家支付土地使用权出让金的行为，属于土地买卖的一级市场。土地使用权出让的出让方是国家，国家凭借土地的所有权向土地使用者收取土地的租金。出让的目的是实行国有土地的有偿使用制度，合理开发、利用、经营土地，因此，土地使用权的出让不属于土地增值税的征税范围。

而国有土地使用权的转让是指土地使用者通过出让等形式取得土地使用权后，将土地使用权再转让的行为，包括出售、交换和赠予，它属于土地买卖的二级市场。土地使用权转让，其地上的建筑物、其他附着物的所有权随之转让。土地使用权的转让属于土地增值税的征税范围。

土地增值税的征税范围不包括未转让土地使用权、房产产权的行为，是否发生转让行为主要以房地产权属（指土地使用权和房产产权）的变更为标准。凡土地使用权、房产产权未转让的（如房地产的出租），不征收土地增值税。

土地增值税的基本征收范围包括：

（1）转让国有土地使用权。

（2）地上的建筑物及其附着物连同国有土地使用权一并转让。

（3）存量房地产的买卖。

（二）特殊征收范围

（1）房地产继承、赠予。
（2）房地产的出租。
（3）房地产的抵押。
（4）房地产的交换。
（5）合作建房。
（6）房地产的代建方行为。
（7）房地产的重新评估。

三、土地增值税税率、应税收入与扣除项目

（一）税率

土地增值税实行四级超率累进税率：
（1）增值额未超过扣除项目金额50%的部分，税率为30%。
（2）增值额超过扣除项目金额50%、未超过扣除项目金额100%的部分，税率为40%。
（3）增值额超过扣除项目金额100%、未超过扣除项目金额200%的部分，税率为50%。
（4）增值额超过扣除项目金额200%的部分，税率为60%。

上述所列四级超率累进税率，每级"增值额未超过扣除项目金额"的比例，均包括本比例数。超率累进税率见表7-4。

表7-4 土地增值税四级超率累进税率

级数	增值额与扣除项目金额的比率	税率（%）	速算扣除系数（%）
1	不超过50%的部分	30	0
2	50%（含）~100%的部分	40	5
3	100%（含）~200%的部分	50	15
4	超过200%（含）的部分	60	25

（二）应税收入的确定

根据《土地增值税暂行条例》及其实施细则的规定，纳税人转让房地产取得的应税收入，应包括转让房地产的全部价款及有关的经济收益。从收入的形式来看，包括

货币收入、实物收入和其他收入。

1. 货币收入

货币收入是指纳税人转让房地产而取得的现金、银行存款、支票、银行本票、汇票等各种信用票据和国库券、金融债券、企业债券、股票等有价证券。这些类型的收入其实质都是转让方因转让土地使用权、房屋产权而向取得方收取的价款。货币收入一般比较容易确定。

2. 实物收入

实物收入是指纳税人转让房地产而取得的各种实物形态的收入，如钢材、水泥等建材，房屋、土地等不动产等。实物收入的价值不太容易确定，一般要对这些实物形态的财产进行估价。

3. 其他收入

其他收入是指纳税人转让房地产而取得的无形资产收入或具有财产价值的权利，如专利权、商标权、著作权、专有技术使用权、土地使用权、商誉权等。这种类型的收入比较少见，其价值需要进行专门的评估。

（三）扣除项目的规定

计算土地增值税应纳税额，并不是直接对转让房地产所取得的收入征税，而是要对收入额减除国家规定的各项扣除项目金额后的余额计算征税（这个余额就是纳税人在转让房地产中获取的增值额）。因此，要计算增值额，首先必须确定扣除项目。税法准予纳税人从转让收入额中减除的扣除项目包括如下几项：

1. 取得土地使用权所支付的金额

取得土地使用权所支付的金额包括两方面的内容：①纳税人为取得土地使用权所支付的地价款。如果是以协议、招标、拍卖等出让方式取得土地使用权的，地价款为纳税人所支付的土地出让金；如果是以行政划拨方式取得土地使用权的，地价款为按照国家有关规定补交的土地出让金；如果是以转让方式取得土地使用权的，地价款为向原土地使用权人实际支付的地价款。②纳税人在取得土地使用权时按国家统一规定缴纳的有关费用。它是指纳税人在取得土地使用权过程中为办理有关手续，按国家统一规定缴纳的有关登记、过户手续费。

2. 房地产开发成本

房地产开发成本是指房地产开发项目实际发生的成本，包括土地征用及拆迁补偿费、前期工程费、建筑安装工程费、基础设施费、公共配套设施费、开发间接费用等。

(1)土地征用及拆迁补偿费,包括土地征用费、耕地占用税、劳动力安置费及有关地上、地下附着物拆迁补偿的净支出、安置动迁用房支出等。

(2)前期工程费,包括规划、设计、项目可行性研究和水文、地质、勘察、测绘、"三通一平"等支出。

(3)建筑安装工程费,指以出包方式支付给承包单位的建筑安装工程费,以自营方式发生的建筑安装工程费。

(4)基础设施费,包括开发小区内道路、供水、供电、供气、排污、排洪、通信、照明、环卫、绿化等工程发生的支出。

(5)公共配套设施费,包括不能有偿转让的开发小区内公共配套设施发生的支出。

(6)开发间接费用,指直接组织、管理开发项目发生的费用,包括工资、职工福利费、折旧费、修理费、办公费、水电费、劳动保护费、周转房摊销等。

3. 房地产开发费用

(1)纳税人能够按转让房地产项目计算分摊利息支出,并能提供金融机构的贷款证明的,其允许扣除的房地产开发费用为:利息+(取得土地使用权所支付的金额+房地产开发成本)×5%以内(注:利息最高不能超过按商业银行同类同期贷款利率计算的金额)。

(2)纳税人不能按转让房地产项目计算分摊利息支出或不能提供金融机构贷款证明的,其允许扣除的房地产开发费用为:(取得土地使用权所支付的金额+房地产开发成本)×10%以内。全部使用自有资金,没有利息支出的,按照以上方法扣除。上述具体适用的比例按省级人民政府此前规定的比例执行。

(3)房地产开发企业既向金融机构借款,又有其他借款的,其房地产开发费用计算扣除时不能同时适用上述(1)、(2)项所述两种办法。

(4)土地增值税清算时,已经计入房地产开发成本的利息支出,应调整至财务费用中计算扣除。

此外,财政部、国家税务总局还对扣除项目金额中利息支出的计算问题做了两点专门规定:一是利息的上浮幅度按国家的有关规定执行,超过上浮幅度的部分不允许扣除;二是对于超过贷款期限的利息部分和加罚的利息不允许扣除。

四、土地增值税应纳税额的计算

(一)增值额的确定

土地增值税纳税人转让房地产所取得的收入减除规定的扣除项目金额后的余额,

为增值额。准确核算增值额，还需要有准确的房地产转让收入额和扣除项目的金额。

（二）应纳税额的计算方法

土地增值税按照纳税人转让房地产所取得的增值额和规定的税率计算征收。土地增值税的计算公式为：

$$应纳税额 = \Sigma（每级距的土地增值额 \times 适用税率）$$

但在实际工作中，分步计算比较烦琐，一般可以采用速算扣除法计算。即：计算土地增值税税额，可按增值额乘以适用的税率减去扣除项目金额乘以速算扣除系数的简便方法计算，具体方法如下：

（1）增值额未超过扣除项目金额50%时，计算公式为：

土地增值税税额 = 增值额 ×30%

（2）增值额超过扣除项目金额50%，未超过100%时，计算公式为：

土地增值税税额 = 增值额 ×40%– 扣除项目金额 ×5%

（3）增值额超过扣除项目金额100%，未超过200%时，计算公式为：

土地增值税税额 = 增值额 ×50%– 扣除项目金额 ×15%

（4）增值额超过扣除项目金额200%时，计算公式为：

土地增值税税额 = 增值额 ×60%– 扣除项目金额 ×35%

上述公式中的5%、15%、35%分别为2、3、4级的速算扣除系数，见表7-4。

【例题7-9】计算题

假定某房地产开发公司转让商品房一栋，取得收入总额为1 000万元，应扣除的购买土地的金额、开发成本的金额、开发费用的金额、相关税金的金额、其他扣除金额合计为400万元。请计算该房地产开发公司应缴纳的土地增值税。

答案：①计算增值额：

增值额 =1 000–400=600（万元）

②计算增值额与扣除项目金额的比率：

增值额与扣除项目金额的比率 =600÷400×100%=150%

根据上述计算方法，增值额超过扣除项目金额100%，未超过200%时，其适用的计算公式为：

土地增值税税额 = 增值额 ×50%– 扣除项目金额 ×15%

③计算该房地产开发公司应缴纳的土地增值税：

应缴纳土地增值税 =600×50%–400×15%=240（万元）

五、土地增值税税收优惠和征收管理

（一）土地增值税优惠政策

1. 建造普通标准住宅的税收优惠

纳税人建造普通标准住宅出售，增值额未超过扣除项目金额20%的，免征土地增值税。这里所说的"普通标准住宅"，是指按所在地一般民用住宅标准建造的居住用住宅。高级公寓、别墅、度假村等不属于普通标准住宅。自2005年6月1日起，普通标准住宅应同时满足：住宅小区建筑容积率在1.0以上；单套建筑面积在120平方米以下；实际成交价格低于同级别土地上住房平均交易价格1.2倍以下。各省、自治区、直辖市要根据实际情况，制定本地区享受优惠政策普通住房的具体标准。允许单套建筑面积和价格标准适当浮动，但向上浮动的比例不得超过上述标准的20%。纳税人建造普通标准住宅出售，增值额未超过扣除项目金额20%的，免征土地增值税；增值额超过扣除项目金额20%的，应就其全部增值额按规定计税。

对于纳税人既建造普通标准住宅，又建造其他房地产开发的，应分别核算增值额。不分别核算增值额或不能准确核算增值额的，其建造的普通标准住宅不能适用这一免税规定。

对企事业单位、社会团体以及其他组织转让旧房作为公租房房源，且增值额未超过扣除项目金额20%的，免征土地增值税。

2. 国家征用收回的房地产的税收优惠

因国家建设需要依法征用、收回的房地产，免征土地增值税。

这里所说的"因国家建设需要依法征用、收回的房地产"，是指因城市实施规划、国家建设的需要而被政府批准征用的房产或收回的土地使用权。

3. 因城市规划、国家建设需要而搬迁由纳税人自行转让原房地产的税收优惠

因城市实施规划、国家建设的需要而搬迁，由纳税人自行转让原房地产的，免征土地增值税。

因"城市实施规划"而搬迁，是指因旧城改造或因企业污染、扰民（指产生过量废气、废水、废渣和噪声，使城市居民生活受到一定危害），而由政府或政府有关主管部门根据已审批通过的城市规划确定进行搬迁的情况。因"国家建设的需要"而搬迁，是指因实施国务院、省级人民政府、国务院有关部委批准的建设项目而进行搬迁的情况。

4. 对企事业单位、社会团体以及其他组织转让旧房作为公共租赁住房房源的税收优惠

对企事业单位、社会团体以及其他组织转让旧房作为公共租赁住房房源的且增值额未超过扣除项目金额 20% 的，免征土地增值税。

（二）土地增值税征收管理

土地增值税的纳税人应向房地产所在地主管税务机关办理纳税申报，并在税务机关核定的期限内缴纳土地增值税。房地产所在地是指房地产的坐落地。纳税人转让的房地产坐落在两个或两个以上地区的，应按房地产所在地分别申报纳税。在实际工作中，纳税地点的确定又可分为以下两种情况：

（1）纳税人是法人的。当转让的房地产坐落地与其机构所在地或经营所在地一致时，则在办理税务登记的原管辖税务机关申报纳税即可；如果转让的房地产坐落地与其机构所在地或经营所在地不一致时，则应在房地产坐落地所管辖的税务机关申报纳税。

（2）纳税人是自然人的。当转让的房地产坐落地与其居住所在地一致时，则在住所所在地税务机关申报纳税；当转让的房地产坐落地与其居住所在地不一致时，则在办理过户手续所在地的税务机关申报纳税。

【任务实施】

（1）完成初级税务专员基础与认知（CMAC 三级）配套章节练习。

（2）完成初级税务专员基础与认知（CMAC 三级）平台任务（参考 CMAC 试题操作指南）。

任务六　掌握车船税法律制度

【任务描述】

（1）掌握车船税纳税义务人及征税范围；

（2）掌握车船税税目、税率；

（3）掌握车船税应纳税额的计算；

（4）掌握车船税征收管理。

【知识储备】

一、纳税义务人及征税范围

（一）纳税义务人

所谓车船税，是指在中华人民共和国境内的车辆、船舶的所有人或者管理人按照《中华人民共和国车船税法》（以下简称《车船税法》）应缴纳的一种税。

车船税的纳税义务人是指在中华人民共和国境内，车辆、船舶（以下简称"车船"）的所有人或者管理人，应当依照《车船税法》的规定缴纳车船税。

（二）征税范围

车船税的征税范围是指在中华人民共和国境内属于《车船税法》所附《车船税税目税额表》规定的车辆、船舶。车辆、船舶是指：

（1）依法应当在车船管理部门登记的机动车辆和船舶。

（2）依法不需要在车船管理部门登记、在单位内部场所行驶或者作业的机动车辆和船舶。

前款所称车船管理部门是指公安、交通运输、农业、渔业、军队、武装警察部队等依法具有车船登记管理职能的部门；单位是指依照中国法律、行政法规规定，在中国境内成立的行政机关、企业、事业单位、社会团体以及其他组织。

二、税目与税率

车船税实行定额税率。定额税率也称固定税额，是税率的一种特殊形式。定额税率计算简便，是适宜从量计征的税种。车船税的适用税额，依照车船税法所附的《车船税税目税额表》执行。

车辆的具体适用税额由省、自治区、直辖市人民政府依照车船税法所附《车船税税目税额表》规定的税额幅度和国务院的规定确定。

船舶的具体适用税额由国务院在车船税法所附《车船税税目税额表》规定的税额幅度内确定。

车船税采用定额税率，即对征税的车船规定单位固定税额。车船税确定税额总的原则是：非机动车船的税负轻于机动车船；人力车的税负轻于畜力车；小吨位船舶的税负轻于大船舶。由于车辆与船舶的行驶情况不同，车船税的税额也有所不同（见表7-5）。

表 7-5 车船税税目税额表

税目		计税单位	年基准税额（元）	备注
乘用车按发动机气缸容量（排气量分档）	1.0 升（含）以下的	每辆	60~360	核定载客人数 9 人（含）以下
	1.0 升以上至 1.6 升（含）的		300~540	
	1.6 升以上至 2.0 升（含）的		360~660	
	2.0 升以上至 2.5 升（含）的		660~1 200	
	2.5 升以上至 3.0 升（含）的		1 200~2 400	
	3.0 升以上至 4.0 升（含）的		2 400~3 600	
	4.0 升以上的		36 00~5 400	
商务车	客车	每辆	480~1 440	核定载客人数 9 人（包括电车）以上
	货车	整备质量每吨	16~120	1. 包括半挂牵引车、挂车、客货两用汽车、三轮汽车和低速载货汽车等 2. 挂车按照货车税额的 50% 计算
其他车辆	专用作业车	整备质量每吨	16~120	不包括拖拉机
	轮式专用机械车	整备质量每吨	16~120	
摩托车		每辆	36~180	
船舶	机动船舶	净吨位每吨	3~6	拖船、非机动驳船分别按照机动船舶税额的 50% 计算；游艇的税额另行规定
	游艇	艇身长每米	600~2 000	

三、应纳税额的计算与代收代缴

纳税人按照纳税地点所在的省、自治区、直辖市人民政府确定的具体适用税额缴纳车船税。车船税由地方税务机关负责征收。

（1）购置的新车船，购置当年的应纳税额自纳税义务发生的当月起按月计算。计算公式为：

$$应纳税额 =（年应纳税额 \div 12）\times 应纳税月份数$$
$$应纳税月份数 =12- 纳税义务发生时间（取月份）+1$$

（2）在一个纳税年度内，已完税的车船被盗抢、报废、灭失的，纳税人可以凭有关管理机关出具的证明和完税证明，向纳税所在地的主管税务机关申请退还自被盗抢、报废、灭失月份起至该纳税年度终了期间的税款。

（3）已办理退税的被盗抢车船失而复得的，纳税人应当从公安机关出具相关证明的当月起计算缴纳车船税。

（4）在一个纳税年度内，纳税人在非车辆登记地由保险机构代收代缴机动车车船税，且能够提供合法有效完税证明的，纳税人不再向车辆登记地的地方税务机关缴纳车辆车船税。

（5）已缴纳车船税的车船在同一纳税年度内办理转让过户的，不另纳税，也不退税。

【例题 7-10】 计算题

某运输公司拥有载货汽车 15 辆（货车整备质量全部为 10 吨），载客大客车 20 辆，小客车 10 辆。计算该公司应纳车船税。（注：载货汽车每吨年税额 80 元，载客大客车每辆年税额 800 元，小客车每辆年税额 700 元）

答案：①载货汽车应纳税额 =15×10×80=12 000（元）
②载客汽车应纳税额 =20×800+10×700=23 000（元）
全年应纳车船税额 =12 000+23 000=35 000（元）

四、税收优惠

（一）法定减免

（1）捕捞、养殖渔船，指在渔业船舶登记管理部门登记为捕捞船或者养殖船的船舶。

（2）军队、武装警察部队专用的车船，指按照规定在军队、武装警察部队车船管理部门登记，并领取军队、武警牌照的车船。

（3）警用车船，指公安机关、国家安全机关、监狱、劳动教养管理机关和人民法院、人民检察院领取警用牌照的车辆和执行警务的专用船舶。

（4）依照法律规定应当予以免税的外国驻华使领馆、国际组织驻华代表机构及其有关人员的车船。

（5）对节约能源的车船，减半征收车船税；对使用新能源的车船，免征车船税；减半征收车船税的节约能源采用车和商用车、免征车船税的使用新能源汽车均应符合规定的标准。使用新能源的车辆包括纯电动汽车、燃料电池汽车和混合动力汽车。纯电动汽车、燃料电池汽车不属于车船税征收范围,其他混合动力汽车按照同类车辆适用税额减半征税。

(6)省、自治区、直辖市人民政府根据当地实际情况,可以对公共交通车船,农村居民拥有并主要在农村地区使用的摩托车、三轮汽车和低速载货汽车定期减征或者免征车船税。

(二)特定减免

(1)经批准临时入境的外国车船和香港特别行政区、澳门特别行政区、台湾地区的车船,不征收车船税。

(2)按照规定缴纳船舶吨税的机动船舶,自车船税法实施之日起5年内免征车船税。

(3)依法不需要在车船登记管理部门登记的机场、港口、铁路站场内部行驶或作业的车船,自车船税法实施之日起5年内免征车船税。

五、征收管理

(一)纳税期限

车船税纳税义务发生时间为取得车船所有权或者管理权的当月,以购买车船的发票或其他证明文件所载日期的当月为准。

(二)纳税地点

车船税的纳税地点为车船的登记地或者车船税扣缴义务人所在地。依法不需要办理登记的车船,车船税的纳税地点为车船的所有人或者管理人所在地。

扣缴义务人代收代缴车船税的,纳税地点为扣缴义务人所在地。

纳税人自行申报缴纳车船税的,纳税地点为车船登记地的主管税务机关所在地。

依法不需要办理登记的车船,纳税地点为车船所有人或者管理人主管税务机关所在地。

【任务实施】

(1)完成初级税务专员基础与认知(CMAC三级)配套章节练习。

(2)完成初级税务专员基础与认知(CMAC三级)平台任务(参考CMAC试题操作指南)。

任务七　掌握契税法律制度

【任务描述】
（1）掌握契税征税对象、纳税义务人；
（2）掌握契税税目、税率；
（3）掌握契税应纳税额的计算；
（4）掌握契税征收管理。

【知识储备】

一、征税对象

契税是以在中华人民共和国境内转移土地、房屋权属为征税对象，向产权承受人征收的一种财产税。具体包括以下五项内容：

（一）国有土地使用权出让

国有土地使用权出让是指土地使用者向国家交付土地使用权出让费用，国家将国有土地使用权在一定年限内让与土地使用者的行为。

国有土地使用权出让，受让者应向国家缴纳出让金，以出让金为依据计算缴纳契税。不得因减免土地出让金而减免契税。

（二）土地使用权的转让

土地使用权的转让是指土地使用者以出售、赠予、交换或者其他方式将土地使用权转移给其他单位和个人的行为。土地使用权的转让不包括农村集体土地承包经营权的转移。

（三）房屋买卖

以货币为媒介，出卖者向购买者过渡房产所有权的交易行为。以下几种特殊情况，视同买卖房屋：

1. 以房产抵债或实物交换房屋

经当地政府和有关部门批准，以房抵债和实物交换房屋，均视同房屋买卖，应由产权承受人，按房屋现值缴纳契税。

例如，甲某因无力偿还乙某债务，而以自有的房产折价抵偿债务。经双方同意，有关部门批准，乙某取得甲某的房屋产权，在办理产权过户手续时，按房产折价款缴纳契税。如以实物（金银首饰等等价物品）交换房屋，应视同以货币购买房屋。

对已缴纳契税的购房单位和个人，在未办理房屋权属变更登记前退房的，退还已纳契税；在办理房屋权属变更登记后退房的，不予退还已纳契税。

2. 以房产作投资、入股

这种交易业务属房屋产权转移，应根据国家房地产管理的有关规定，办理房屋产权交易和产权变更登记手续，视同房屋买卖，由产权承受方按契税税率计算缴纳契税。

例如，甲企业以自有房产投资于乙企业取得相应的股权。其房屋产权变为乙企业所有，故产权所有人发生变化。因此，乙企业在办理产权登记手续后，按甲企业入股房产现值（国有企事业房产须经国有资产管理部门评估核价）缴纳契税。如丙企业以股份方式购买乙企业房屋产权，丙企业在办理产权登记后，按取得房产买价缴纳契税。

以自有房产作股投入本人独资经营的企业，免纳契税。因为以自有的房地产投入本人独资经营的企业，产权所有人和使用权使用人未发生变化，不需办理房产变更手续，也不需办理契税手续。

3. 买房拆料或翻建新房，应照章征收契税

例如，甲某购买乙某房产，不论其目的是取得该房产的建筑材料或是翻建新房，实际构成房屋买卖。甲某应首先办理房屋产权变更手续，并按买价缴纳契税。

（四）房屋赠予

房屋赠予是指房屋产权所有人将房屋无偿转让给他人所有。其中，将自己的房屋转交给他人的法人和自然人，称作房屋赠予人；接受他人房屋的法人和自然人，称为受赠人。房屋赠予的前提必须是产权无纠纷，赠予人和受赠人双方自愿。

由于房屋是不动产，价值较大，故法律要求赠予房屋应有书面合同（契约），并到房地产管理机关或农村基层政权机关办理登记过户手续，才能生效。如果房屋赠予行为涉及涉外关系，还需公证处证明和外事部门认证，才能有效。房屋的受赠人要按规定缴纳契税。

（五）房屋交换

房屋交换是指房屋所有者之间互相交换房屋的行为。

随着经济形势的发展，有些特殊方式转移土地、房屋权属的，也将视同土地使用权转让、房屋买卖或者房屋赠予。一是以土地、房屋权属作价投资、入股；二是以土地、房屋权属抵债；三是以获奖方式承受土地、房屋权属；四是以预购方式或者预付集资建房款方式承受土地、房屋权属。

二、纳税义务人、税率和应纳税额的计算

（一）纳税义务人

契税的纳税义务人是境内转移土地、房屋权属，承受的单位和个人。境内是指中华人民共和国实际税收行政管辖范围内；土地、房屋权属是指土地使用权和房屋所有权；单位是指企业单位、事业单位、国家机关、军事单位和社会团体以及其他组织；个人是指个体经营者及其他个人，包括中国公民和外籍人员。

（二）税率

契税实行3%～5%的幅度税率。实行幅度税率是考虑到我国经济发展的不平衡，各地经济差别较大的实际情况。因此，各省、自治区、直辖市人民政府可以在3%～5%的幅度税率规定范围内，按照本地区的实际情况决定。

（三）应纳税额的计算

1.计税依据

契税的计税依据为不动产的价格。由于土地、房屋权属转移方式不同，定价方法不同，因而具体计税依据视不同情况而决定。

（1）国有土地使用权出让、土地使用权出售、房屋买卖，以成交价格为计税依据。成交价格是指土地、房屋权属转移合同确定的价格，包括承受者应交付的货币、实物、无形资产或者其他经济利益。

（2）土地使用权赠予、房屋赠予，由征收机关参照土地使用权出售、房屋买卖的市场价格核定。

（3）土地使用权交换、房屋交换，为所交换的土地使用权、房屋的价格差额。也就是说，交换价格相等时，免征契税；交换价格不等时，由多交付的货币、实物、无形资产或者其他经济利益的一方缴纳契税。

（4）以划拨方式取得土地使用权，经批准转让房地产时，由房地产转让者补交契税。计税依据为补交的土地使用权出让费用或者土地收益。

为了避免偷、逃税款，税法规定，成交价格明显低于市场价格并且无正当理由的，或者所交换土地使用权、房屋价格的差额明显不合理并且无正当理由的，征收机关可以参照市场价格核定计税依据。

对承受国有土地使用权应支付的土地出让金。

（5）房屋附属设施征收契税的依据：①不涉及土地使用权和房屋所有权转移变动的，不征收契税；②采取分期付款方式购买房屋附属设施土地使用权、房屋所有权的，应按合同规定的总价款计征契税；③承受的房屋附属设施权属如为单独计价的，按照当地确定的适用税率征收契税；如与房屋统一计价的，适用与房屋相同的契税税率。

（6）个人无偿赠予不动产行为（法定继承人除外），应对受赠人全额征收契税。在缴纳契税时，纳税人须提交经税务机关审核并签字盖章的《个人无偿赠予不动产登记表》，税务机关（或其他征收机关）应在纳税人的契税完税凭证上加盖"个人无偿赠予"印章，在《个人无偿赠予不动产登记表》中签字并将该表格留存。

2. 应纳税额的计算方法

契税采用比例税率。当计税依据确定以后，应纳税额的计算比较简单。应纳税额的计算公式为：

$$应纳税额 = 计税依据 \times 税率$$

【例题7-11】 计算题

甲居民有两套住房，将一套出售给乙居民，成交价格为1 200 000元；将另一套两室住房与丙居民交换成两套一室住房，并支付给丙居民换房差价款300 000元。试计算甲、乙、丙居民相关行为应缴纳的契税（假定税率为4%）。

答案：①甲应缴纳契税 = 300 000×4%=12 000（元）

②乙应缴纳契税 =1 200 000×4%=48 000（元）

③丙不缴纳契税。

三、税收优惠

（1）国家机关、事业单位、社会团体、军事单位承受土地、房屋用于办公、教学、医疗、科研和军事设施的，免征契税。

（2）城镇职工按规定第一次购买公有住房，免征契税。此外，财政部、国家税务总局规定：自2000年11月29日起，对各类公有制单位为解决职工住房而采取集资建房方式建成的普通住房，或由单位购买的普通商品住房，经当地县以上人民政府房改部门批准、按照国家房改政策出售给本单位职工的，如属职工首次购买住房，均可免征契税。对个人购买普通住房，且该住房属于家庭（成员范围包括购房人、配偶以及未成年子女，下同）唯一住房的，减半征收契税。对个人购买90平方米及以下普通住房，且该住房属于家庭唯一住房的，减按1%税率征收契税。

（3）因不可抗力灭失住房而重新购买住房的，酌情减免。不可抗力是指自然灾害、战争等不能预见、不可避免并不能克服的客观情况。

（4）土地、房屋被县级以上人民政府征用、占用后，重新承受土地、房屋权属的，由省级人民政府确定是否减免。

（5）承受荒山、荒沟、荒丘、荒滩土地使用权，并用于农、林、牧、渔业生产的，免征契税。

（6）经外交部确认，依照我国有关法律规定以及我国缔结或参加的双边和多边条约或协定，应当予以免税的外国驻华使馆、领事馆、联合国驻华机构及其外交代表、领事官员和其他外交人员承受土地、房屋权属，免征契税。

（7）公租房经营单位购买住房作为公租房的，免征契税。

四、征收管理

（一）纳税义务发生时间

契税的纳税义务发生时间是纳税人签订土地、房屋权属转移合同的当天，或者纳税人取得其他具有土地、房屋权属转移合同性质凭证的当天。

（二）纳税期限

纳税人应当自纳税义务发生之日起10日内，向土地、房屋所在地的契税征收机关办理纳税申报，并在契税征收机关核定的期限内缴纳税款。

（三）纳税地点

契税在土地、房屋所在地的征收机关缴纳。

（四）契税申报

根据人民法院、仲裁委员会的生效法律文书发生土地、房屋权属转移，纳税人不能取得销售不动产发票的，可持人民法院执行裁定书原件及相关材料办理契税纳税申报，税务机关应予受理。

购买新建商品房的纳税人在办理契税纳税申报时，由于销售新建商品房的房地产开发企业已办理注销税务登记或者被税务机关列为非正常户等原因，致使纳税人不能取得销售不动产发票的，税务机关在核实有关情况后应予受理。

（五）征收管理

纳税人办理纳税事宜后，征收机关应向纳税人开具契税完税凭证。纳税人持契税完税凭证和其他规定的文件材料，依法向土地管理部门、房产管理部门办理有关土地、房屋的权属变更登记手续。土地管理部门、房产管理部门应向契税征收机关提供有关资料，并协助契税征收机关依法征收契税。

国家税务总局决定，各级征收机关要在2005年1月1日后停止代征委托，直接征收契税。

另外，对已缴纳契税的购房单位和个人，在未办理房屋权属变更登记前退房的，退还已纳契税；在办理房屋权属变更登记之后退还的，不予退还已纳契税。

【任务实施】

（1）完成初级税务专员基础与认知（CMAC三级）配套章节练习。

（2）完成初级税务专员基础与认知（CMAC三级）平台任务（参考CMAC试题操作指南）。

任务八　掌握城镇土地使用税法律制度

【任务描述】

（1）掌握城镇土地使用税纳税义务人、征税范围；

（2）掌握城镇土地使用税税率；

（3）掌握城镇土地使用税应纳税额的计算；

（4）掌握城镇土地使用税征收管理。

【知识储备】

一、纳税义务人与征税范围

（一）纳税义务人

城镇土地使用税是以国有土地或集体土地为征税对象，对拥有土地使用权的单位和个人征收的一种税。在城市、县城、建制镇、工矿区范围内使用土地的单位和个人，为城镇土地使用税的纳税人。

上述所称单位，包括国有企业、集体企业、私营企业、股份制企业、外商投资企业、外国企业以及其他企业和事业单位、社会团体、国家机关、军队以及其他单位；所称个人，包括个体工商户以及其他个人。

城镇土地使用税的纳税人通常包括以下几类：

（1）拥有土地使用权的单位和个人。

（2）拥有土地使用权的单位和个人不在土地所在地的，其土地的实际使用人和代管人为纳税人。

（3）土地使用权未确定或权属纠纷未解决的，其实际使用人为纳税人。

（4）土地使用权共有的，共有各方都是纳税人，由共有各方分别纳税。

多人或多个单位共同拥有一块土地的使用权，这块土地的城镇土地使用税的纳税人应是对这块土地拥有使用权的每一个人或每一个单位。他们应以其实际使用的土地面积占总面积的比例，分别计算缴纳土地使用税。例如，某城市的甲与乙共同拥有一块土地的使用权，这块土地面积为 1 500 平方米，甲实际使用 1/3，乙实际使用 2/3，则甲应是其所占的 500 平方米（1 500×1/3）土地的城镇土地使用税的纳税人，乙是其所占的 1 000 平方米（1 500×2/3）土地的城镇土地使用税的纳税人。

（二）征税范围

城镇土地使用税的征税范围，包括在城市、县城、建制镇和工矿区内的国家所有和集体所有的土地。上述城市、县城、建制镇和工矿区分别按以下标准确认：

（1）城市是指经国务院批准设立的市。

（2）县城是指县人民政府所在地。

（3）建制镇是指经省、自治区、直辖市人民政府批准设立的建制镇。

（4）工矿区是指工商业比较发达，人口比较集中，符合国务院规定的建制镇标准，但尚未设立建制镇的大中型工矿企业所在地,工矿区须经省、自治区、直辖市人民政府批准。上述城镇土地使用税的征税范围中,城市的土地包括市区和郊区的土地,县城的土地是指县人民政府所在地的城镇的土地,建制镇的土地是指镇人民政府所在地的土地。建立在城市、县城、建制镇和工矿区以外的工矿企业不需要缴纳城镇土地使用税。

二、税率、计税依据和应纳税额的计算

(一)税率

城镇土地使用税采用定额税率,即采用有幅度的差别税额,按大、中、小城市和县城、建制镇、工矿区分别规定每平方米土地使用税年应纳税额。具体标准如下:

(1)大城市 1.5~30 元。

(2)中等城市 1.2~24 元。

(3)小城市 0.9~18 元。

(4)县城、建制镇、工矿区 0.6~12 元。

大、中、小城市以公安部门登记在册的非农业正式户口人数为依据,城镇土地使用税税率见表 7-6。

表 7-6 城镇土地使用税税率

级别	人口(人)	每平方米税额(元)
大城市	50 万以上	1.5~30
中等城市	20 万~50 万	1.2~24
小城市	20 万以下	0.9~18
县城、建制镇、工矿区		0.6~12

各省、自治区、直辖市人民政府可根据市政建设情况和经济繁荣程度在规定税额幅度内,确定所辖地区的适用税额幅度。经济落后地区,土地使用税的适用税额标准可适当降低,但降低额不得超过上述规定最低税额的 30%。经济发达地区的适用税额标准可以适当提高,但须报财政部批准。

土地使用税规定幅度税额主要考虑到我国各地区存在着悬殊的土地级差收益，同一地区内不同地段的市政建设情况和经济繁荣程度也有较大的差别。把土地使用税税额定为幅度税额，拉开档次，而且每个幅度税额的差距规定为20倍。这样，各地政府在划分本辖区不同地段的等级，确定适用税额时，有选择余地，便于具体操作。幅度税额还可以调节不同地区、不同地段之间的土地级差收益，尽可能地平衡税负。

（二）计税依据

城镇土地使用税以纳税人实际占用的土地面积为计税依据，土地面积计量标准为每平方米。即税务机关根据纳税人实际占用的土地面积，按照规定的税额计算应纳税额，向纳税人征收土地使用税。

纳税人实际占用的土地面积按下列办法确定：

（1）由省、自治区、直辖市人民政府确定的单位组织测定土地面积的，以测定的面积为准。

（2）尚未组织测量，但纳税人持有政府部门核发的土地使用证书的，以证书确认的土地面积为准。

（3）尚未核发土地使用证书的，应由纳税人申报土地面积，据以纳税，待核发土地使用证以后再作调整。

（4）对在城镇土地使用税征税范围内单独建造的地下建筑用地，按规定征收城镇土地使用税。其中，已取得地下土地使用权证的，按土地使用权证确认的土地面积计算应征税款；未取得地下土地使用权证或地下土地使用权证上未标明土地面积的，按地下建筑垂直投影面积计算应征税款。

对上述地下建筑用地暂按应征税款的50%征收城镇土地使用税。

（三）应纳税额的计算方法

城镇土地使用税的应纳税额可以通过纳税人实际占用的土地面积乘以该土地所在地段的适用税额求得。其计算公式为：

全年应纳税额 = 实际占用应税土地面积（平方米）× 适用税额

【例题7-12】 计算题

某城市某企业使用土地面积为10 000平方米，经税务机关核定，该土地为应税土地，每平方米年税额为4元。请计算其全年应纳的土地使用税税额。

答案：全年应纳税额 = 10 000 × 4 = 40 000（元）

三、税收优惠

（一）免征规定

下列用地免征城镇土地使用税：

（1）国家机关、人民团体、军队自用的土地。

（2）由国家财政部门拨付事业经费的单位自用的土地。

（3）宗教寺庙、公园、名胜古迹自用的土地。

（4）市政街道、广场、绿化地带等公共用地。

（5）直接用于农、林、牧、渔业的生产用地。

（6）经批准开山填海整治的土地和改造的废弃土地，从使用的月份起免缴土地使用税5~10年。

（7）由财政部另行规定免税的能源、交通、水利设施用地和其他用地。

（二）特殊规定

（1）城镇土地使用税与耕地占用税的征税范围衔接。为避免对一块土地同时征收耕地占用税和城镇土地使用税，税法规定，凡是缴纳了耕地占用税的，从批准征用之日起满1年后征收城镇土地使用税；征用非耕地因不需要缴纳耕地占用税，应从批准征用之次月起征收城镇土地使用税。

（2）免税单位与纳税单位之间无偿使用的土地。对免税单位无偿使用纳税单位的土地（如公安、海关等单位使用铁路、民航等单位的土地），免征城镇土地使用税；对纳税单位无偿使用免税单位的土地，纳税单位应照章缴纳土地使用税。

（3）房地产开发公司开发建造商品房的用地。房地产开发公司开发建造商品房的用地，除经批准开发建设经济适用房的用地外，对各类房地产开发用地一律不得减免城镇土地使用税。

（4）防火、防爆、防毒等安全防范用地。对于各类危险品仓库、厂房所需的防火、防爆、防毒等安全防范用地，可由省、自治区、直辖市税务局确定，暂免征收城镇土地使用税；对仓库库区、厂房本身用地，应依法征收城镇土地使用税。

（5）搬迁企业的用地。

1）企业搬迁后原场地不使用的、企业范围内荒山等尚未利用的土地，免征城镇土地使用税。免征税额由企业申报缴纳城镇土地使用税时自行计算扣除，并在申报表附表或备注栏作相应说明。

2）对搬迁后原场地不使用的和企业范围内荒山等尚未利用的土地，凡企业申报暂免征收城镇土地使用税的，应事先向土地所在地的主管税务机关报送有关部门的批准文件或认定书等相关证明材料，以备税务机关查验。具体报送资料由各省、自治区、直辖市和计划单列市税务局确定。

3）企业按上述规定暂免征收城镇土地使用税的土地开始使用时，应从使用的次月起自行计算和申报缴纳城镇土地使用税。

（6）企业的铁路专用线、公路等用地。对企业的铁路专用线、公路等用地除另有规定者外，在企业厂区（包括生产、办公及生活区）以内的，应照章征收城镇土地使用税；在厂区以外、与社会公用地段未加隔离的，暂免征收城镇土地使用税。

（7）企业范围内的荒山、林地、湖泊等占地。对2014年以前已按规定免征城镇土地使用税的企业范围内荒山、林地、湖泊等占地，自2014年1月1日至2015年12月31日，按应纳税额减半征收城镇土地使用税；自2016年1月1日起，全额征收城镇土地使用税。

（8）石油天然气（含页岩气、煤层气）生产企业用地。

1）下列石油天然气生产建设用地暂免征收城镇土地使用税：
①地质勘探、钻井、井下作业、油气田地面工程等施工临时用地。
②企业厂区以外的铁路专用线、公路及输油（气、水）管道用地。
③油气长输管线用地。

2）在城市、县城、建制镇以外工矿区内的消防、防洪排涝、防风、防沙设施用地，暂免征收城镇土地使用税。

3）除上述列举免税的土地外，其他油气生产及办公、生活区用地，依照规定征收城镇土地使用税。享受上述税收优惠的用地，用于非税收优惠用途的，不得享受税收优惠。

（9）林业系统用地。

1）对林区的育林地、运材道、防火道、防火设施用地，免征城镇土地使用税。

2）林业系统的森林公园、自然保护区可比照公园免征城镇土地使用税。

3）除上述列举免税的土地外，对林业系统的其他生产用地及办公、生活区用地，均应征收城镇土地使用税。

（10）盐场、盐矿用地。

1）对盐场、盐矿的生产厂房、办公、生活区用地，应照章征收城镇土地使用税。

2）盐场的盐滩、盐矿的矿井用地，暂免征收城镇土地使用税。

3）对盐场、盐矿的其他用地，由各省、自治区、直辖市税务局根据实际情况，确定征收城镇土地使用税或给予定期减征、免征的照顾。

（11）矿山企业用地。

矿山的采矿场、排土场、尾矿库、炸药库的安全区，以及运矿运盐公路、尾矿输送管道及回水系统用地，免征城镇土地使用税。

（12）电力行业用地。

1）火电厂厂区围墙内的用地均应征收城镇土地使用税；对厂区围墙外的灰场、输灰管、输油（气）管道、铁路专用线用地，免征城镇土地使用税；厂区围墙外的其他用地，应照章征税。

2）水电站的发电厂房用地（包括坝内、坝外式厂房），生产、办公、生活用地，应征收城镇土地使用税；对其他用地给予免税照顾。

3）对供电部门的输电线路用地、变电站用地，免征城镇土地使用税。

（13）水利设施用地。

1）水利设施及其管扩用地（如水库库区、大坝、堤防、灌渠、泵站等用地），免征城镇土地使用税；其他用地，如生产、办公、生活用地应照章征税。

2）对兼有发电的水利设施用地的城镇土地使用税的征免，具体办法比照电力行业征免城镇土地使用税的有关规定办理。

（14）交通部门用地。对港口的码头（即泊位，包括岸边码头、深入水中的浮码头、堤岸、堤坝、栈桥等）用地，免征城镇土地使用税。

（15）民航机场用地。

1）机场飞行区（包括跑道、滑行道、停机坪、安全带、夜航灯光区）用地、场内外通讯导航设施用地和飞行区四周排水防洪设施用地，免征城镇土地使用税。

2）在机场道路中，场外道路用地免征城镇土地使用税；场内道路用地依照规定征收城镇土地使用税。

3）机场工作区（包括办公、生产和维修用地及候机楼、停车场）用地、生活区用地、绿化用地，均须依照规定征收城镇土地使用税。

（16）老年服务机构自用的土地。老年服务机构是指专门为老年人提供生活照料、文化、护理、健身等多方面服务的福利性、非营利性的机构，主要包括老年社会福利院、敬老院（养老院）、老年服务中心、老年公寓（含老年护理院、康复中心、托老所）等。老年服务机构自用土地免征城镇土地使用税。

（17）体育场馆自用的房产和土地。

1）国家机关、军队、人民团体、财政补助事业单位、居民委员会、村民委员会拥有的体育场馆，用于体育活动的房产、土地，免征城镇土地使用税。

2）经费自理事业单位、体育社会团体、体育基金会、体育类民办非企业单位拥有并运营管理的体育场馆，符合相关条件的，其用于体育活动的房产、土地，免征城镇土地使用税。

3）企业拥有并运营管理的大型体育场馆，其用于体育活动的场馆和土地，减半征收城镇土地使用税。

享受上述税收优惠体育场馆的运动场地用于体育活动的天数不得低于全年自然天数的70%。体育场馆辅助用房及配套设施用于非体育活动的部分，不得享受上述税收优惠。

（18）自2019年1月1日至2021年12月31日，对农产品批发市场、农贸市场（包括自有和承租）专门用于经营农产品的房产、土地，暂免征收城镇土地使用税。对同时经营其他产品的，按其他产品与农产品交易场地面积的比例确定征免城镇土地使用税。

农产品批发市场、农贸市场的行政办公区、生活区，以及商业餐饮娱乐等非直接为农产品交易提供服务的房产、土地，应按规定征收城镇土地使用税。

（19）自2019年1月1日至2021年12月31日，对国家级、省级科技企业孵化器、大学科技园和国家备案众创空间自用以及无偿或通过出租等方式提供给在孵对象使用的房产、土地，免征城镇土地使用税。

四、征收管理

（一）纳税期限

城镇土地使用税实行按年计算、分期缴纳的征收方法，具体纳税期限由省、自治区、直辖市人民政府确定。

（二）纳税义务发生时间

（1）纳税人购置新建商品房，自房屋交付使用之次月起，缴纳城镇土地使用税。

（2）纳税人购置存量房，自办理房屋权属转移、变更登记手续，房地产权属登记机关签发房屋权属证书之次月起，缴纳城镇土地使用税。

（3）纳税人出租、出借房产，自交付出租、出借房产之次月起，缴纳城镇土地使用税。

（4）以出让或转让方式有偿取得土地使用权的，应由受让方从合同约定交付土地时间的次月起缴纳城镇土地使用税；合同未约定交付时间的，由受让方从合同签订的次月起缴纳城镇土地使用税。

（5）纳税人新征用的耕地，自批准征用之日起满1年时开始缴纳土地使用税。

（6）纳税人新征用的非耕地，自批准征用次月起缴纳土地使用税。

（7）自2009年1月1日起，纳税人因土地的权利发生变化而依法终止城镇土地使用税纳税义务的，其应纳税款的计算应截止到土地权利发生变化的当月末。

（三）纳税地点

城镇土地使用税在土地所在地缴纳。

纳税人使用的土地不属于同一省、自治区、直辖市管辖的，由纳税人分别向土地所在地的税务机关缴纳土地使用税；在同一省、自治区、直辖市管辖范围内，纳税人跨地区使用的土地，其纳税地点由各省、自治区、直辖市税务局确定。

【任务实施】

（1）完成初级税务专员基础与认知（CMAC 三级）配套章节练习。

（2）完成初级税务专员基础与认知（CMAC 三级）平台任务（参考 CMAC 试题操作指南）。

任务九　掌握环境保护税法律制度

【任务描述】

（1）掌握环境保护税纳税人、征税范围；

（2）掌握环境保护税税目、税率；

（3）掌握环境保护税应纳税额的计算；

（4）掌握环境保护税征收管理。

【知识储备】

环境保护税是为了保护和改善环境，减少污染物排放，推进生态文明建设而征收的一种税。环境保护税的法律规范是于 2016 年 12 月 25 日第十二届全国人民代表大会常务委员会第二十五次会议通过的《中华人民共和国环境保护税法》（以下简称《环境保护税法》）。

一、纳税人

环境保护税的纳税人为中华人民共和国领域和中华人民共和国管辖的其他海域，

直接向环境排放应税污染物的企业事业单位和其他生产经营者,按照规定征收环境保护税,不再征收排污费。

二、征税范围

环境保护税的征税范围是《环境保护税法》所附《环境保护税税目税额表》《应税污染物和当量值表》规定的大气污染物、水污染物、固定废物和噪声等应税污染物。

有下列情形之一的,不属于直接向环境排放污染物,不缴纳相应污染物的环境保护税:

(1)企业事业单位和其他生产经营者向依法设立的污水集中处理、生活垃圾集中处理场所排放应税污染物的。

(2)企业事业单位和其他生产经营者在符合国家和地方环境保护标准的设施、场所贮存或者处置固体废物的。

依法设立的城乡污水集中处理、生活垃圾集中处理场所超过国家和地方规定的排放标准向环境排放应税污染物的,应当缴纳环境保护税。

企业事业单位和其他生产经营者贮存或者处置固体废物不符合国家和地方环境保护标准的,应当缴纳环境保护税。

三、税率

环境保护税实行定额税率。税目、税额依照《环境保护税税目税额表》执行,见表 7-7。

表 7-7　环境保护税税目税额表

税目		计税单位	税额	备注
大气污染物		每污染当量	1.2 元至 12 元	
水污染物		每污染当量	1.4 元至 14 元	
固体废物	煤矸石	每吨	5 元	
	尾矿	每吨	15 元	
	危险废物	每吨	1 000 元	
	冶炼渣、粉煤灰、炉渣、其他固体废物（含半固态、液态废物）	每吨	25 元	

（续）

税目		计税单位	税额	备注
噪声	工业噪声	超标 1~3 分贝	每月 350 元	1. 一个单位边界上有多处噪声超标，根据最高一份超标声级计量应纳税额；当沿边界长度超过 100 米有两处以上噪声超标，按照两个单位计算应纳税额 2. 一个单位有不同地点作业场所的，应当分别计量应纳税额，合并计征 3. 昼、夜均超标的环境噪声，昼、夜分别计算应纳税额，累计计征 4. 声源一个月内超标不足 15 天的，减半计算应纳税额 5. 夜间频繁突发和夜间偶然突发厂界超标噪声，按等效声级和峰值噪声两种指标中超标分贝值高的一项计算应纳税额
		超标 4~6 分贝	每月 700 元	
		超标 7~9 分贝	每月 1 400 元	
		超标 10~12 分贝	每月 2 800 元	
		超标 13~15 分贝	每月 5 600 元	
		超标 16 分贝以上	每月 11 200 元	

应税大气污染物和水污染物的具体适用税额的确定和调整，由省、自治区、直辖市人民政府统筹考虑本地区环境承载能力、污染物排放现状和经济社会生态发展目标要求，在《环境保护税税目税额表》规定的税额幅度内提出，报同级人民代表大会常务委员会决定，并报全国人民代表大会常务委员会和国务院备案。

四、计税依据

应税污染物的计税依据，按照下列方法确定：
（1）应税大气污染物按照污染物排放量折合的污染当量数确定。
（2）应税水污染物按照污染物排放量折合的污染当量数确定。
（3）应税固体废物按照固体废物的排放量确定。
（4）应税噪声按照超过国家规定标准的分贝数确定。

五、应纳税额的计算

环境保护税应纳税额按照下列方法计算：
（1）应税大气污染物的应纳税额 = 污染当量数 × 具体适用税额。
（2）应税水污染物的应纳税额 = 污染当量数 × 具体适用税额。
（3）应税固体废物的应纳税额 = 固体废物排放量 × 具体适用税额。

（4）应税噪声的应纳税额=超过国家规定标准的分贝数对应的具体适用税额。

应税大气污染物、水污染物、固体废物的排放量和噪声的分贝数，按照下列方法和顺序计算：

（1）纳税人安装使用符合国家规定和监测规范的污染物自动监测设备的，按照污染物自动监测数据计算。

（2）纳税人未安装使用污染物自动监测设备的，按照监测机构出具的符合国家有关规定和监测规范的监测数据计算。

（3）因排放污染物种类多等原因不具备监测条件的，按照国务院环境保护主管部门规定的排污系数、物料衡算方法计算。

（4）不能按照第一项至第三项规定的方法计算的，按照省、自治区、直辖市人民政府环境保护主管部门规定的抽样测算的方法核定计算。

六、税收优惠

下列情形，暂予免征环境保护税：
（1）农业生产（不包括规模化养殖）排放应税污染物的。
（2）机动车、铁路机车、非道路移动机械、船舶和航空器等流动污染源排放应税污染物的。
（3）依法设立的城乡污水集中处理、生活垃圾集中处理场所排放相应应税污染物，不超过国家和地方规定的排放标准的。
（4）纳税人综合利用的固体废物，符合国家和地方环境保护标准的。
（5）国务院批准免税的其他情形。

纳税人排放应税大气污染物或者水污染物的浓度值低于国家和地方规定的污染物排放标准30%的，减按75%征收环境保护税；纳税人排放应税大气污染物或者水污染物的浓度值低于国家和地方规定的污染物排放标准50%的，减按50%征收环境保护税。

七、征收管理

环境保护税由税务机关依照《税收征收管理法》和《环境保护税法》的有关规定征收管理。

环境保护主管部门应当将排污单位的排污许可、污染物排放数据、环境违法和受行政处罚情况等环境保护相关信息，定期交送税务机关。税务机关应当将纳税人的纳税申报、税款入库、减免税额、欠缴税款以及风险疑点等环境保护税涉税信息，定期交送环境保护主管部门。

纳税义务发生时间为纳税人排放应税污染物的当日，纳税人应当向应税污染物排放地的税务机关申报缴纳环境保护税。

环境保护税按月计算，按季申报缴纳。不能按固定期限计算缴纳的，可以按次申报缴纳。

纳税人按季申报缴纳的，应当自季度终了之日起15日内，向税务机关办理纳税申报并缴纳税款。纳税人按次申报缴纳的，应当自纳税义务发生之日起15日内，向税务机关办理纳税申报并缴纳税款。

【任务实施】

（1）完成初级税务专员基础与认知（CMAC三级）配套章节练习。

（2）完成初级税务专员基础与认知（CMAC三级）平台任务（参考CMAC试题操作指南）。

【知识扩展】

趣味"印花税"

公元1624年，荷兰政府发生经济危机。统治者为了解决财政资金问题，拟提出要用增加税收的办法来解决财政支出困难，但又怕人民反对，便要求政府的大臣们出谋献策。众大臣议来议去，也想不出两全其美的办法。于是统治者就公开招标，以重赏来寻求新税设计方案。印花税，就是从千万个设计方案中精选出来的"杰作"。

印花税的设计者观察到人们在日常生活中使用契约、借贷凭证之类的单据很多，所以一旦征税，税源将很大；而且还存在一个社会心理，即认为凭证单据上由政府盖个印，就会成为合法凭证，在诉讼时有法律保障，因而对缴纳印花税也乐于接受。正是这样，印花税被统治阶级的御用经济学家们誉为税务轻微、税源畅旺、手续简便、成本低廉的"良税"。

由于印花税"取微用宏"，简便易行，欧美各国竞相效法。丹麦在1660年、法国在1665年、北美在1671年、奥地利在1686年、北美在1694年先后开征了印花税。在不长的时间内，印花税就成为世界上普遍采用的一个税种，风靡全球。

在许多企业财务人员的眼里,印花税是极不起眼的小税种,常常忽视了节税。然而,企业在生产经营中总是频繁地订立各种各样的合同,且有些合同金额巨大,因而对于印花税的筹划不仅是必要的,而且是重要的。由于合同签订的不恰当,企业双方在不知不觉中多缴纳了税款。

项目八

税收征收管理法律制度

任务一　了解税收征收管理法

【任务描述】
（1）了解税收征收管理法的概念；
（2）掌握税收征收管理法的适用范围。

【知识储备】

一、税收征收管理法的概念

税收征收管理法是指调整税收征收与管理过程中所发生的社会关系的法律规范的总称，包括国家权力机关制定的税收征管法律、国家权力机关授权行政机关制定的税收征管行政法规和有关税收征管的规章制度等。税收征收管理法属于税收程序法，它是以规定税收实体法中所确定的权利义务的履行程序为主要内容的法律规范，是税收的有机组成部分。税收征收管理法不仅是纳税人全面履行纳税义务必须遵守的法律准则，也是税务机关履行征税职责的法律依据。

二、税收征收管理法的适用范围

《税收征收管理法》第二条规定:"凡依法由税务机关征收的各种税收的征收管理,均适用本法。"这就明确界定了《税收征收管理法》的适用范围。

我国税收的征收机关有税务、海关、财政等部门,税务机关征收各种工商税收,海关征收关税。《税收征收管理法》只适用于由税务机关征收的各种税收的征收管理。

农税征收机关负责征收的耕地占用税、契税的征收管理,由国务院另行规定;海关征收的关税及代征的增值税、消费税,适用其他法律、法规的规定。

值得注意的是,目前还有一部分政府收费由税务机关征收,如教育费附加。这些税费不适用《税收征收管理法》,不能采取《税收征收管理法》规定的措施,其具体管理办法由各种税费的条例和规章决定。

【任务实施】
（1）完成初级税务专员基础与认知（CMAC三级）配套章节练习。
（2）完成初级税务专员基础与认知（CMAC三级）平台任务（参考CMAC试题操作指南）。

任务二　掌握税务管理

【任务描述】
（1）了解税务管理的概念;
（2）掌握税务登记相关知识;
（3）掌握账簿、凭证管理;
（4）掌握发票管理;
（5）掌握纳税申报管理。

【知识储备】

一、税务管理的概念

税务管理是指税收征收管理机关为了贯彻、执行国家税收法律制度，加强税收工作，协调征税关系而对纳税人和扣缴义务人实施的基础性的管理制度和管理行为。税务管理是税收征收管理的重要内容，是税款征收发的前提和基础。税务管理主要包括税务登记管理、账簿和凭证管理、发票管理、纳税申报和涉税专业服务管理等。

我国现行税收征收管理法律体系的核心是 1992 年 9 月 4 日第七届全国人民代表大会常务委员会第二十七次会议通过，现已历经一次修订、三次修正的《中华人民共和国税收征收管理法》。它是新中国成立后第一部税收程序法，也是我国税收征管的基本法。

二、税务登记

税务登记，又称"纳税登记"，是指税务机关对纳税人的生产、经营等基本情况及生产经营项目进行登记管理的一项基本制度，是整个税收征收管理的起点。税务登记的作用在于掌握纳税人的基本情况和税源分布情况。从税务登记开始，纳税人的身份及征纳双方的法律关系即得到确认。

根据《税务登记管理办法》的规定，凡有法律、法规规定的应税收入、应税财产或应税行为的各类纳税人，均应当办理税务登记；扣缴义务人应当在发生扣缴义务时，到税务机关申报登记，领取扣缴税款凭证。

（一）税务登记申请人

企业，企业在外地设立的分支机构和从事生产、经营的场所，个体工商户和从事生产、经营的事业单位，都应当办理税务登记（统称从事生产、经营的纳税人）。

前述规定以外的纳税人，除国家机关、个人和无固定生产经营场所的流动性农村小商贩外，也应当办理税务登记（统称非从事生产经营但依照规定负有纳税义务的单位和个人）。

根据税收法律、行政法规的规定，负有扣缴税款义务的扣缴义务人（国家机关外），应当办理扣缴税款登记。

（二）税务登记主管机关

县以上（含本级，下同）税务局（分局）是税务登记的主管机关，负责税务登记的设立登记、变更登记、注销登记以及非正常户处理、报验登记等有关事项。

县以上税务局（分局）按照国务院规定的税收征管管理范围，实施属地管理，办理税务登记。有条件的城市，可以按照"各区分散受理、全市集中处理"的原则办理税务登记。

（三）"多证合一"登记制度改革

为提升政府行政服务效率，降低市场主体创设的制度性交易成本，激发市场活力和社会创新力，自 2015 年 10 月 1 日起，登记制度改革在全国推行。随着国务院简政放权、放管结合、优化服务的"放管服"改革不断优化，登记制度改革从"三证合一"推进为"五证合一"，又进一步推进为"多证合一、一照一码"，即在全国实施企业、农民专业合作社工商营业执照、组织机构代码证、税务登记证、社会保险登记证、统计登记证"五证合一、一照一码"登记制度改革和个体工商户和农民专业合作社（以下统称企业）登记、备案等有关事项和各类证照进一步整合到营业执照上，实现"多证合一、一照一码"。使"一照一码"营业执照成为企业唯一"身份证"，使统一社会信用代码成为企业唯一身份代码，实行企业"一照一码"走天下。

三、账簿、凭证管理

账簿和凭证是纳税人进行生产经营活动和核算财务收支的重要资料，也是税收机关对纳税人进行征税、管理、核查的重要依据。纳税人使用的凭证、登记的账簿、编制的报表及其所反映的内容是否真实可靠，直接关系到计征税款依据的真实性，从而影响应纳税款及时足额入库。

账簿是纳税人、扣缴义务人连续地记录其各种经济业务的账册或簿籍。凭证是纳税人用来记录经济业务，明确经济责任，并据以登记账簿的书面证明。账簿、凭证管理是继税务登记之后税收征管的又一重要环节，在税收征管中占有十分重要的地位。

（一）账簿、凭证设置管理

账簿是指总账、明细账、日记账以及其他辅助性账簿。总账、日记账应当采用订本式。

从事生产、经营的纳税人应当自领取营业执照或者发生纳税义务之日起 15 日内设置账簿。

扣缴义务人应当自税收法律、行政法规规定的扣缴义务发生之日起 10 日内，按照所代扣、代收的税种，分别设置代扣代缴、代收代缴税款账簿。

生产、经营规模小又确无建账能力的纳税人，可以聘请经批准从事会计代理记账业务的专业机构或者经税务机关认可的财会人员代为建账和办理账务；聘请上述机构或者人员有实际困难的，经县以上税务机关批准，可以按照税务机关的规定，建立收支凭证粘贴簿、进货销货登记簿或者使用税控装置。

扣缴义务人应当自税收法律、行政法规规定的扣缴义务发生之日起 10 日内，按照所代扣、代收的税种，分别设置代扣代缴、代收代缴税款账簿。

纳税人、扣缴义务人会计制度健全，能够通过计算机正确、完整计算其收入和所得或者代扣代缴、代收代缴税款情况的，其计算机输出的完整的书面会计记录可视同会计账簿。

纳税人、扣缴义务人会计制度不健全，不能通过计算机正确、完整计算其收入和所得或者代扣代缴、代收代缴税款情况的，应当建立总账及与纳税或者代扣代缴、代收代缴税款有关的其他账簿。

（二）账簿、凭证的保管

根据《税收征收管理法》第二十四条规定：从事生产经营的纳税人、扣缴义务人必须按照国务院财政、税务主管部门规定的保管期限保管账簿、记账凭证、完税凭证及其他有关资料。账簿、记账凭证、报表、完税凭证、发票、出口凭证以及其他有关涉税资料不得伪造、变造或者擅自损毁。

除另有规定者外，根据《实施细则》第二十九条，账簿、记账凭证、报表、完税凭证、发票、出口凭证以及其他有关涉税资料应当保存 10 年。

（三）发票管理

根据《税收征收管理法》第二十一条规定：税务机关是发票的主管机关，负责发票的印制、领购、开具、取得、保管、缴销的管理和监督。

1. 发票的概念

发票是指在购销商品、提供或者接受服务以及从事其他经营活动中，开具、收取的收付款凭证。它是确定经济收支行为发生的法定凭证，是会计核算的原始依据。

2. 发票的种类、联次和内容

（1）发票的种类

全国范围内全面推行"营改增"试点后，发票的种类主要是增值税专用发票和增值税普通发票，还有特定范围继续使用的其他发票。

增值税专用发票，包括增值税专用发票和机动车销售统一发票。

增值税普通发票，包括增值税普通发票、增值税电子普通发票和增值税普通发票（卷票）。

其他发票，包括农产品收购发票、农产品销售发票、门票、过路（过桥）费发票、定额发票、客运发票和二手车销售统一发票等。

（2）发票的联次和内容

发票的基本联次包括抵扣联、发票联和记账联。抵扣联由购买方报送主管税务机关认证和留存备查；发票联由付款方或受票方作为付款原始凭证；记账联由收款方或开票方作为原始记账凭证。省以上税务机关可根据发票管理情况以及纳税人经营业务需要，增减除发票联以外的其他联次，并确定其用途。

发票的基本内容包括发票的名称、发票代码和号码、联次及用途、客户名称、开户银行及账号、商品名称或经营项目、计量单位、数量、单价、大小写金额、开票人、开票日期、开票单位（个人）名称（章）等。

省以上税务机关可根据经济活动以及发票管理的需要，确定发票的具体内容。有固定生产经营场所、财务和发票管理制度健全的纳税人，发票使用量较大或统一发票式样不能满足经营活动需要的，可以向省以上税务机关申请印有本单位名称的发票。

3. 发票的印制

增值税专用发票由国家税务总局确定的企业印制；其他发票，按照国家税务总局的规定，由省、自治区、直辖市税务局、地方税务局指定企业印制。禁止私自印制、伪造、变造发票。印制发票的企业应当具备下列条件：

（1）取得印刷经营许可证和营业执照。

（2）设备、技术水平能够满足印制发票的需要。

（3）有健全的财务制度和严格的质量监督、安全管理、保密制度。

印刷发票应当使用国家税务总局确定的全国统一的发票防伪专用品。禁止非法制造发票防伪专用品。

发票应当套印全国统一发票监制章，全国统一发票监制章的式样和发票版面印刷的要求，由国家税务总局规定。发票监制章由省、自治区、直辖市税务机关制作。禁止伪造发票监制章。发票实行不定期换版制度。禁止在境外印制发票。

4. 发票适用的范围

（1）增值税一般纳税人销售货物、提供加工修理修配劳务和发生应税行为，使用增值税发票管理新系统（简称"新系统"）开具增值税专用发票、增值税普通发票、机动车销售统一发票、增值税电子普通发票。自2018年4月1日起，二手车交易市场、二手车经销企业、经济机构和拍卖企业应当通过新系统开具二手车销售统一发票，通过新系统开具的二手车销售统一发票与现行二手车销售统一发票票样保持一致。

单位和个人可以登录全国增值税发票查验平台对新系统开具的发票信息进行查验。

（2）增值税小规模纳税人发生应税销售行为，开具增值税普通发票，一般不使用增值税专用发票，可以到税务机关代开增值税专用发票。为持续推进放管服改革，小规模纳税人（其他个人除外）发生增值税应税行为，需要开具增值税专用发票的，可以自愿使用新系统自行开具。但销售其取得的不动产，需要开具增值税专用发票的，应当按照有关规定向税务机关申请代开。

（3）2017年1月1日起启用增值税普通发票（卷票），分为两种规格。增值税普通发票（卷票）由纳税人自愿选择使用，重点在生活性服务业纳税人中推广。

纳税人可依法书面向税务机关要求使用印有本单位名称的增值税普通发票（卷票），税务机关按规定确认印有该单位名称发票的种类和数量。纳税人通过新系统开具印有本单位名称的增值税普通发票（卷票）。

（4）门票、过路（过桥）费发票、定额发票、客运发票和二手车销售统一发票继续使用。

（5）餐饮行业增值税一般纳税人购进农业生产者自产农产品，可以使用税务机关监制的农产品收购发票，按照现行规定计算抵扣进项税额。

（6）采取汇总纳税的金融机构，由省、自治区所辖地市以下分支机构可以使用地市级机构统一领取的增值税专用发票、增值税普通发票、增值税电子普通发票；直辖市、计划单列市所辖区县及以下分支机构可以使用直辖市、计划单列市机构统一领取的增值税专用发票、增值税普通发票、增值税电子普通发票。

（7）税务机关使用新系统代开增值税专用发票和增值税普通发票。代开增值税专用发票使用六联票，代开增值税普通发票使用五联票。

5. 发票的开具

销售商品、提供服务以及从事其他经营活动的单位和个人，对外发生经营业务收取款项，收款方应当向付款方开具发票；特殊情况下，由付款方向收款方开具发票。特殊情况是指：收购单位和扣缴义务人支付个人款项时；国家税务总局认为其他需要由付款方向收款方开具发票的。

所有单位和从事生产、经营活动的个人在购买商品、接受服务以及从事其他经营活动支付款项，应当向收款方取得发票。取得发票时，不得要求变更品名和金额。

开具发票应当按照规定的时限、顺序、栏目，全部联次一次性如实开具，并加盖发票专用章。不符合规定的发票，不得作为财务报销凭证，任何单位和个人有权拒收。

任何单位和个人不得有下列虚开发票行为：①为他人、为自己开具与实际经营业务情况不符的发票；②让他人为自己开具与实际经营业务情况不符的发票；③介绍他人开具与实际经营业务情况不符的发票。

6. 发票的使用和保管

任何单位和个人应当按照发票管理规定使用发票，不得有下列行为：①转借、转让、介绍他人转让发票、发票监制章和发票防伪专用品；②知道或者应当知道是私自印制、伪造、变造、非法取得或者废止的发票而受让、开具、存放、携带、邮寄、运输；③拆本使用发票；④扩大发票适用范围；⑤以其他凭证代替发票适用。

开具发票的单位和个人应当建立发票使用登记制度，设置发票登记簿，并定期向主管税务机关报告发票使用情况。开具发票的单位和个人应当在办理变更或者注销税务登记的同时，办理发票和发票领购簿的变更、缴销手续。开具发票的单位和个人应当按照税务机关的规定存放和保管发票，不得擅自损毁。已经开具的发票存根联和发票登记簿，应当保存 5 年。保存期满，报经税务机关查验后销毁。

7. 增值税发票管理的特别规定

（1）国家税务总局编写并更新了《商品和服务税收分类编码表》。纳税人应当及时完成增值税发票税控开票软件升级和自身业务系统调整，并按照更新后的《商品和服务税收分类编码表》开具增值税发票。

（2）自 2017 年 7 月 1 日起，购买方为企业（包括公司、非公司制企业法人、企业分支机构、个人独资企业、合伙企业和其他企业）的，索取增值税普通发票时，应向销售方提供纳税人识别号或统一社会信用代码；销售方为其开具增值税普通发票时，应在"购买方纳税人识别号"栏填写购买方的纳税人识别号或统一社会信用代码。不符合规定的发票，不得作为税收凭证。

（3）销售方开具增值税发票时，发票内容应按照实际情况如实开具，不得根据购买方要求填开与实际交易不符的内容。销售方开具发票时，通过销售平台系统与增值税发票税控系统后台对接，导入相关信息开票的，系统导入的开票数据内容应与实际交易相符，如不相符应及时修改，完善销售平台系统。

（4）进一步扩大增值税发票网上申领适用范围，已经实现办税员实名信息采集和验证的纳税人可以自愿选择使用网上申领方式领用发票。在全面推行增值税发票网上申领的同时，各级税务机关要注重做好发票领用风险防控和发票物流配送衔接，确保发票网上申领简便易用、风险可控、安全可靠。

（5）积极推进增值税发票领用分类分级管理。对于税收风险程度较低的纳税人，按需供应发票；对于税收风险程度中等的纳税人，正常供应发票，加强事中事后监督；对于税收风险程度较高的纳税人，严格控制其发票领用数量和最高开票限额，并加强事中事后监督。

8. 发票的检查

税务机关在发票管理中有权进行下列检查：

（1）检查印制、领购、开具、取得、保管和缴销发票的情况。

（2）调出发票查验。

（3）查阅、复制与发票有关的凭证、资料。

(4)向当事各方询问与发票有关的问题和情况。

(5)在查处发票案件时,对与案件有关的情况和资料,可以记录、录音、录像、照相和复制。

印制、使用发票的单位和个人,必须接受税务机关依法检查,如实反映情况,提供有关资料,不得拒绝、隐瞒。税务人员进行检查时,应当出示税务检查证。

税务机关需要将已开具的发票调出查验时,应当向被查验的单位和个人开具发票换票证。发票换票证与所调出查验的发票有同等的效力。被调出查验发票的单位和个人不得拒绝接受。税务机关需要将空白发票调出查验时,应当开具收据;经查无问题的,应当及时返还。

四、纳税申报管理

纳税申报是纳税人按照税法规定的期限和内容,向税务机关提交有关纳税事项书面报告的法律行为,是纳税人履行纳税义务、界定纳税人法律责任的主要依据,是税务机关税收管理信息的主要来源和税务管理的重要制度。

(一)纳税申报的对象

根据《税收征收管理法》第二十五条的规定,纳税申报的对象为纳税人和扣缴义务人。纳税人在纳税期内没有应纳税款的,也应当按照规定办理纳税申报。纳税人享受减税、免税待遇的,在减税、免税期间应当按照规定办理纳税申报。

(二)纳税申报的内容

纳税申报的内容,主要在各税种的纳税申报表和代扣代缴、代收代缴税款报告表中体现,还可以在随纳税申报表附报的财务报表和有关纳税资料中体现。纳税人和扣缴义务人的纳税申报和代扣代缴、代收代缴税款报告的主要内容包括:税种,税目,应纳税项目或者应代扣代缴、代收代缴税款项目,计税依据,扣除项目及标准,适用税率或者单位税额,应退税项目及税额、应减免税项目及税额,应纳税额或者应代扣代缴、代收代缴税额,税款所属期限,延期缴纳税款,欠税,滞纳金等。

(三)纳税申报的期限

《税收征收管理法》规定纳税人和扣缴义务人都必须按照法定的期限办理纳税申报。申报期限有两种:一种是法律、行政法规明确规定的;另一种是税务机关按照法律、行政法规的原则规定,结合纳税人生产经营的实际情况及其所应缴纳的税种等相关问题予以确定的。两种期限具有同等的法律效力。

（四）纳税申报的要求

纳税人办理纳税申报时，应当如实填写纳税申报表，并根据不同情况相应报送下列有关证件、资料：

（1）财务会计报表及其说明材料。

（2）与纳税有关的合同、协议书及凭证。

（3）税控装置的电子报税资料。

（4）外出经营活动税收管理证明和异地完税凭证。

（5）境内或者境外公证机构出具的有关证明文件。

（6）税务机关规定应当报送的其他有关证件、资料。

（7）扣缴义务人办理代扣代缴、代收代缴税款报告时，应当如实填写代扣代缴、代收代缴税款报告表，并报送代扣代缴、代收代缴税款的合法凭证以及税务机关规定的其他有关证件、资料。

（五）纳税申报的方式

《税收征收管理法》第二十六条规定：纳税人、扣缴义务人可以直接到税务机关办理纳税申报，或者报送代扣代缴、代收代缴税款报告表，也可以按照规定采取邮寄、数据电文或者其他方式办理上述申报、报送事项。目前，纳税申报的形式主要有以下三种：

（1）直接申报。直接申报是指纳税人自行到税务机关办理纳税申报。这是一种传统申报方式。

（2）邮寄申报。邮寄申报是指经税务机关批准的纳税人使用统一规定的纳税申报特快专递专用信封，通过邮政部门办理交寄手续，并向邮政部门索取收据作为申报凭据的方式。纳税人采取邮寄方式办理纳税申报的，应当使用统一的纳税申报专用信封，并以邮政部门收据作为申报凭据。邮寄申报以寄出的邮戳日期为实际申报日期。

（3）数据电文。数据电文是指经税务机关确定的电话语音、电子数据交换和网络传输等电子方式。例如，目前纳税人的网上申报就是数据电文申报方式的一种形式。

（六）延期申报管理

延期申报是指纳税人、扣缴义务人不能按照税法规定的期限办理纳税申报或扣缴税款报告。

根据《税收征收管理法》第二十七条和《实施细则》第三十七条及有关法规的规

定，纳税人因有特殊情况，不能按期进行纳税申报的，经县以上税务机关核准，可以延期申报。但应当在规定的期限内向税务机关提出书面延期申请，经税务机关核准，在核准的期限内办理。如纳税人、扣缴义务人因不可抗力，不能按期办理纳税申报或者报送代扣代缴、代收代缴缴税款报告表的，可以延期办理，但应当在不可抗力情形消除后立即向税务机关报告。

经核准延期办理纳税申报的，应当在纳税期内按照上期实际缴纳的税额或者税务机关核定的税额预缴税款，并在核准的延期内办理纳税结算。

【任务实施】

（1）完成初级税务专员基础与认知（CMAC 三级）配套章节练习。

（2）完成初级税务专员基础与认知（CMAC 三级）平台任务（参考 CMAC 试题操作指南）。

任务三　了解税款征收

【任务描述】

（1）了解税款征收原则；

（2）了解税款征收制度。

【知识储备】

一、税款征收原则

税款征收是指税务机关依照税收法律、法规将纳税人应当缴纳的税款组织入库的一系列活动的总称。征款征收有如下原则：

（1）税务机关是征税的唯一行政主体。根据《税收征收管理法》第二十九条的规定：除税务机关、税务人员以及经税务机关依照法律、行政法规委托的单位和个人外，任何单位和个人不得进行税款征收活动。第四十一条同时规定：采取税收保全措施、强制执行措施的权利，不得由法定的税务机关以外的单位和个人行使。

（2）税务机关只能依照法律、行政法规的规定征收税款。根据《税收征收管理法》第二十八条的规定，税务机关只能依照法律、行政法规的规定征收税款。未经法定机关和法定程序调整，征纳双方均不得随意变动。税务机关代表国家向纳税人征收税款，不能任意征收，只能依法征收。

（3）税务机关不得违反法律、行政法规的规定开征、停征、多征、少征、提前征收或者延缓征收税款或者摊派税款。《税收征收管理法》第二十八条规定：税务机关依照法律、行政法规的规定征收税款，不得违反法律、行政法规的规定开征、停征、多征、少征、提前征收、延缓征收或者摊派税款。税务机关是执行税法的专职机构，既不得在税法生效之前先行向纳税人征收税款，也不得在税法尚未失效时，停止征收税款，更不得擅立章法，新开征一种税。在税款征收过程中，税务机关应当按照税收法律、行政法规预先规定的征收标准进行征税。不得擅自增减改变税目、调高或降低税率、加征或减免税款、提前征收或延缓征收税款以及摊派税款。

（4）税务机关征收税款必须遵守法定权限和法定程序。税务机关执法必须遵守法定权限和法定的程序，这也是税款征收的一项基本原则。例如，采取税收保全措施或强制执行措施时，办理减税、免税、退税时，核定应纳税额时，进行纳税调整时，针对纳税人的欠税进行清理、采取各种措施时，税务机关都必须按照法律或者行政法规规定的审批权限和程序进行操作，否则就是违法。

（5）税务机关征收税款或扣押、查封商品、货物或其他财产时，必须向纳税人开具完税凭证或开付扣押、查封的收据或清单。《税收征收管理法》第三十四条规定：税务机关征收税款时，必须给纳税人开具完税凭证。第四十七条规定：税务机关扣押商品、货物或者其他财产时，必须开付收据；查封商品、货物或者其他财产时，必须开付清单。这是税款征收的又一原则。

（6）税款、滞纳金、罚款统一由税务机关上缴国库。《税收征收管理法》第五十三条规定：国家税务局和地方税务局应当按照国家规定的税收征管范围和税款入库预算级次，将征收的税款缴入国库。这也是税款征收的一个基本原则。

二、税款征收方式

税款征收方式是指税务机关根据各税种的不同特点、征纳双方的具体条件而确定的计算征收税款的方法和形式。

（一）查账征收

查账征收是指税务机关按照纳税人提供的账表所反映的经营情况，依照适用税率计算缴纳税款的方式。这种方式一般适用于财务会计制度较为健全，能够认真履行纳税义务的纳税单位。

（二）查定征收

查定征收是指税务机关根据纳税人的从业人员、生产设备、采用原材料等因素，对其产制的应税产品查实核定产量、销售额并据以征收税款的方式。这种方式一般适用于账册不够健全，但是能够控制原材料或进销货的纳税单位。

（三）查验征收

查验征收是指税务机关对纳税人应税商品，通过查验数量，按市场一般销售单价计算其销售收入并据以征税的方式。这种方式一般适用于经营品种比较单一，经营地点、时间和商品来源不固定的纳税单位。

（四）定期定额征收

定期定额征收是指税务机关通过典型调查，逐户确定营业额和所得额并据以征税的方式。这种方式一般适用于无完整考核依据的小型纳税单位。

（五）委托代征税款

委托代征税款是指税务机关委托代征人以税务机关的名义征收税款，并将税款缴入国库的方式。这种方式一般适用于小额、零散税源的征收。

（六）邮寄纳税

邮寄纳税是一种新的纳税方式。这种方式主要适用于那些有能力按期纳税，但采用其他方式纳税又不方便的纳税人。

（七）其他方式

如利用网络申报、用IC卡纳税等方式。

三、税款征收制度

（一）代扣代缴、代收代缴税款制度

（1）对法律、行政法规没有规定负有代扣、代收税款义务的单位和个人，税务机

关不得要求其履行代扣、代收税款的义务。

（2）税法规定的扣缴义务人必须依法履行代扣、代收税款义务。如果不履行义务，就要承担法律责任。除按《税收征收管理法》及《实施细则》的规定给予处罚外，应当责成扣缴义务人限期将应扣未扣、应收未收的税款补扣或补收。

（3）扣缴义务人依法履行代扣、代收税款义务时，纳税人不得拒绝。纳税人拒绝的，扣缴义务人应当在1日之内报告主管税务机关处理。不及时向主管税务机关报告的，扣缴义务人应承担应扣未扣、应收未收税款的责任。

（4）扣缴义务人代扣、代收税款，只限于法律、行政法规规定的范围，并依照法律、行政法规规定的征收标准执行。对法律、法规没有规定代扣、代收的，扣缴义务人不能超越范围代扣、代缴税款，扣缴义务人也不得提高或降低标准代扣、代收税款。

（5）税务机关按照规定给扣缴义务人代扣、代收税款手续费只能由县（市）以上税务机关统一办理退库手续，不得在征收税款过程中坐支。

（二）延期缴纳税款制度

纳税人和扣缴义务人必须在税法规定的期限内缴纳、解缴税款。但考虑到纳税人在履行纳税义务的过程中，可能会遇到特殊困难的客观情况，为了保护纳税人的合法权益，《税收征收管理法》第三十一条第二款规定：纳税人因有特殊困难，不能按期缴纳税款的，经省、自治区、直辖市国家税务局、地方税务局批准，可以延期缴纳税款，但最长不得超过3个月。

特殊困难的主要内容包括：一是因不可抗力，导致纳税人发生较大损失，正常生产经营活动受到较大影响的；二是当期货币资金在扣除应付职工工资、社会保险费后，不足以缴纳税款的。所谓当期货币资金，是指纳税人申请延期缴纳税款之日的资金余额，其中不含国家法律和行政法规明确规定企业不可动用的资金；应付职工工资是指当期计提数。

（三）税收滞纳金征收制度

纳税人未按规定期限缴纳税款的，扣缴义务人未按规定期限解缴税款的，税务机关除责令限期缴纳外，从滞纳税款之日起，按日加收滞纳税款万分之五的滞纳金。

滞纳金的计算是从缴款期限届满次日起至实际缴纳或解缴税款之日起，按日加收滞纳税款万分之五的滞纳金。其滞纳天数应包含实际缴纳或解缴税款之日。

（四）减免税收制度

根据《税收征收管理法》第三十三条的有关规定，及《税收减免管理办法》办理减税、免税应注意下列事项：

（1）减免税必须有法律、行政法规的明确规定（具体规定在税收实体法中体现）。地方各级人民政府、各级人民政府主管部门、单位和个人违反法律、行政法规规定，擅自做出的减税、免税决定无效，税务机关不得执行，并向上级税务机关报告。

（2）纳税人申请减免税，应向主管税务机关提出书面申请，并按规定附送有关资料。

（3）减免税的申请须经法律、行政法规规定的减税、免税审查批准机关审批。

（4）纳税人在享受减免税待遇期间，仍应按规定办理纳税申报。

（5）纳税人享受减税、免税的条件发生变化时，应当自发生变化之日起15日内向税务机关报告，经税务机关审核后，停止其减税、免税；对不报告的，又不再符合减税、免税条件的，税务机关有权追回已减免的税款。

（6）减税、免税期满，纳税人应当自期满次日起恢复纳税。

（7）减免税分为核准类减免税和备案类减免税。核准类减免税是指法律、法规规定应由税务机关核准减免税项目；备案类减免税是指不需要税务机关核准的减免税项目。纳税人享受核准类减免税，应当提交核准材料，虽提出申请，经依法具有批准权限的税务机关按本办法规定核准确认后执行。未按规定申请或虽申请但未经有批准权限的税务机关核准确认的，纳税人不得享受减免税。

（五）税收保全措施

税收保全措施是指税务机关对可能由于纳税人的行为或者某种客观原因，致使以后税款的征收不能保证或难以保证的案件，采取限制纳税人处理或转移商品、货物或其他财产的措施。

《税收征收管理法》第三十八条规定：税务机关有根据认为从事生产、经营的纳税人有逃避纳税义务行为的，可以在规定的纳税期之前，责令限期缴纳税款；在限期内发现纳税人有明显的转移、隐匿其应纳税的商品、货物以及其他财产迹象的，税务机关应责令其提供纳税担保。如果纳税人不能提供纳税担保，经县以上税务局（分局）局长批准，税务机关可以采取下列税收保全措施：

（1）书面通知纳税人开户银行或者其他金融机构冻结纳税人的金额相当于应纳税款的存款。

（2）扣押、查封纳税人的价值相当于应纳税款的商品、货物或者其他财产。其他财产包括纳税人的房地产、现金、有价证券等不动产和动产。

纳税人在上款规定的限期内缴纳税款的，税务机关必须立即解除税收保全措施；限期期满仍未缴纳税款的，经县以上税务局（分局）局长批准，税务机关可以书面通知纳税人开户银行或者其他金融机构,从其冻结的存款中扣缴税款,或者依法拍卖或者变卖所扣押、查封的商品、货物或者其他财产,以拍卖或者变卖所得抵缴税款。

采取税收保全措施不当,或者纳税人在期限内已缴纳税款,税务机关未立即解除税收保全措施,使纳税人的合法利益遭受损失的,税务机关应当承担赔偿责任。

个人及其所扶养家属维持生活必需的住房和用品,不在税收保全措施的范围之内。个人所扶养家属是指与纳税人共同居住生活的配偶、直系亲属以及无生活来源并由纳税人扶养的其他亲属。生活必需的住房和用品不包括机动车辆、金银饰品、古玩字画、豪华住宅或者一处以外的住房。税务机关对单价5 000元以下的其他生活用品,不采取税收保全措施和强制执行措施。

(六)税收强制执行措施

税收强制执行措施是指当事人不履行法律、行政法规规定的义务,有关国家机关采用法定的强制手段,强迫当事人履行义务的行为。

《税收征收管理法》第四十条规定:从事生产、经营的纳税人、扣缴义务人未按照规定的期限缴纳或者解缴税款,纳税担保人未按照规定的期限缴纳所担保的税款,由税务机关责令限期缴纳,逾期仍未缴纳的,经县以上税务局(分局)局长批准,税务机关可以采取下列强制执行措施:

(1)书面通知其开户银行或者其他金融机构从其存款中扣缴税款。

(2)扣押、查封、依法拍卖或者变卖其价值相当于应纳税款的商品、货物或者其他财产,以拍卖或者变卖所得抵缴税款。

税务机关采取强制执行措施时,对上款所列纳税人、扣缴义务人、纳税担保人未缴纳的滞纳金同时强制执行。

个人及其所扶养家属维持生活必需的住房和用品,不在强制执行措施的范围之内。

(七)欠税清缴制度

欠税是指纳税人未按照规定期限缴纳税款,扣缴义务人未按照规定期限解缴税款的行为。

(八)税款的退还和追征制度

1. 税款的退还

《税收征收管理法》第五十一条规定,纳税人超过应纳税额缴纳的税款,税务机关发现后应当立即退还;纳税人自结算缴纳税款之日起3年内发现的,可以向税务机关要求退还多缴的税款并加算银行同期存款利息,税务机关及时查实后应当立即退还;

涉及从国库中退库的，依照法律、行政法规中有关国库管理的规定退还。

根据上述规定，税务机关在办理税款退还时应注意以下几个问题：

（1）税款退还的前提是纳税人已经缴纳了超过应纳税额的税款。

（2）税款退还的范围包括：

1）技术差错和结算性质的退税。

2）为加强对收入的管理，规定纳税人先按应纳税额如数缴纳入库，经核实后再从中退还应退的部分。

（3）退还的方式有：

1）税务机关发现后立即退还。

2）纳税人发现后申请退还。

（4）退还的时限有：

1）纳税人发现的，可以自结算缴纳税款之日起3年内要求退还。

2）税务机关发现的多缴税款，《税收征收管理法》没有规定多长时间内可以退还。法律没有规定期限的，推定为无限期。因此，税务机关发现的多缴税款，无论多长时间，都应当退还给纳税人。

3）对纳税人超过应纳税额缴纳的税款，无论是税务机关发现的，还是纳税人发现后提出退还申请的，税务机关经核实后都应当立即办理退还手续，不应当拖延。《实施细则》第七十八条规定：税务机关发现纳税人多缴税款的，应当自发现之日起10日内办理退还手续；纳税人发现多缴税款，要求退还的，税务机关应当自接到纳税人退还申请之日起30日内查实并办理退还手续。

2. 税款的追征

《税收征收管理法》第五十二条规定：因税务机关责任，致使纳税人、扣缴义务人未缴或者少缴税款的，税务机关在3年内可要求纳税人、扣缴义务人补缴税款，但是不得加收滞纳金。

因纳税人、扣缴义务人计算等失误，未缴或者少缴税款的，税务机关在3年内可以追征税款、滞纳金；有特殊情况的追征期可以延长到5年。

【任务实施】

（1）完成初级税务专员基础与认知（CMAC三级）配套章节练习。

（2）完成初级税务专员基础与认知（CMAC三级）平台任务（参考CMAC试题操作指南）。

任务四　了解法律责任

【任务描述】
（1）了解税收法律责任的概述；
（2）掌握税收法律责任。

【知识储备】

一、税收法律责任概述

税收法律责任是指税收法律关系主体违反税收法律制度的行为所引起的不利法律后果，分为行政责任和刑事责任两种。

行政责任是指经济法主体违反经济法律法规依法应承担的行政法律后果，包括行政处分和行政处罚两种。根据《中华人民共和国公务员法》的规定，对违法违纪应当承担纪律责任的公务员给予的行政处分种类有警告、记过、记大过、降级、撤职和开除六类。根据《中华人民共和国行政处罚法》的规定，行政处罚包括：警告，罚款，没收违法所得、没收非法财物，责令停产停业，暂扣或者吊销许可证、暂扣或者吊销执照，行政拘留，其他。

刑事责任是指行为人实施刑事法律禁止的行为所必须承担的法律后果。刑事责任与行政责任的不同之处：一是追究的违法行为不同，追究行政责任的是一般违法行为，追究刑事责任的是犯罪行为；二是追究责任的机关不同，追究行政责任由国家特定的行政机关依照有关法律的规定决定，追究刑事责任只能由司法机关依照《中华人民共和国刑法》的规定决定；三是承担法律责任的后果不同，追究刑事责任是最严厉的制裁，可以判处死刑，比追究行政责任严厉得多。

二、征纳双方违反税收法律制度的法律责任

（一）纳税人、扣缴义务人及其他行政相对人违反税收法律制度的法律责任

1. 违反税务管理基本规定的法律责任

（1）纳税人有下列行为之一的，由税务机关责令限期改正，可以处2 000元以下的罚款；情节严重的，处2 000元以上1万元以下的罚款：

1）未按照规定的期限申报办理税务登记、变更或者注销登记的。

2）未按照规定设置、保管账簿或者保管记账凭证和有关资料的。

3）未按照规定将财务、会计制度或者财务、会计处理办法和会计核算软件报送税务机关备查的。

4）未按照规定将其全部银行账号向税务机关报告的。

5）未按照规定安装、使用税控装置，或者损毁或者擅自改动税控装置的。

6）纳税人未按照规定办理税务登记证件验证或者换证手续的。

（2）纳税人不办理税务登记的，由税务机关责令限期改正；逾期不改正的，经税务机关提请，由工商行政管理机关吊销其营业执照。

（3）纳税人未按照规定使用税务登记证件，或者转借、涂改、损毁、买卖、伪造税务登记证件的，处2 000元以上1万元以下的罚款；情节严重的，处1万元以上5万元以下的罚款。

（4）扣缴义务人未按照规定设置、保管代扣代缴、代收代缴税款账簿或者保管代扣代缴、代收代缴税款记账凭证及有关资料的，由税务机关责令限期改正，可以处2 000元以下的罚款；情节严重的，处2 000元以上5 000元以下的罚款。

（5）纳税人未按照规定的期限办理纳税申报和报送纳税资料的，或者扣缴义务人未按照规定的期限向税务机关报送代扣代缴、代收代缴税款报告表和有关资料的，由税务机关责令限期改正，可以处2 000元以下的罚款；情节严重的，处2 000元以上1万元以下的罚款。

2. 逃避税务机关追缴欠税行为的法律责任

纳税人欠缴应纳税款，采取转移或者隐匿财产的手段，妨碍税务机关追缴欠缴的税款的，由税务机关追缴欠缴的税款、滞纳金，并处欠缴税款的50%以上5倍以下的罚款；构成犯罪的，依法追究刑事责任。

扣缴义务人应扣未扣、应收而不收税款的，由税务机关向纳税人追缴税款，对扣缴义务人处应扣未扣、应收未收税款的50%以上3倍以下的罚款。

3. 偷税行为的法律责任

偷税是指纳税人采取伪造、变造、隐匿、擅自销毁账簿、记账凭证，或者在账簿上多列支出或者不列、少列收入，或者经税务机关通知申报而拒不申报或者进行虚假的纳税申报的手段，不缴或者少缴应纳税额的行为。

纳税人偷税的，由税务机关追缴其不缴或者少缴的税款、滞纳金，并处不缴或者少缴的税款 50% 以上 5 倍以下的罚款；构成犯罪的，依法追究刑事责任。

扣缴义务人采取上述偷税行为，不缴或者少缴已扣、已收税款，由税务机关追缴其不缴或者少缴的税款、滞纳金，并处以不缴或者少缴的税款 50% 以上 5 倍以下的罚款；构成犯罪的，依法追究刑事责任。

纳税人、扣缴义务人变造虚假计税依据的，由税务机关责令限期改正，并处 5 万元以下的罚款。

纳税人不进行纳税申报，不缴或者少缴应纳税款的，由税务机关追缴其不缴或者少缴的税款、滞纳金，并处不缴或者少缴的税款 50% 以上 5 倍以下的罚款。

4. 抗税行为的法律责任

抗税是指纳税人、扣缴义务人以暴力、威胁方法拒不缴纳税款的行为。

对抗税行为，除由税务机关追缴其拒缴的税款、滞纳金外，依法追究刑事责任。情况轻微，未构成犯罪的，由税务局机关追缴其拒缴的税款、滞纳金，并处拒缴税款 1 倍以上 5 倍以下的罚款。

5. 骗税行为的法律责任

骗税行为是指纳税人以假报出口或者其他欺骗手段，骗取国家出口退税款的行为。纳税人有骗税行为的，由税务机关追缴其骗取的退税款，并处骗取税款 1 倍以上 5 倍以下的罚款；构成犯罪的，依法追究刑事责任。

对骗取国家出口退税款的，税务机关可以在规定期间内停止为其办理出口退税。

6. 非法印制发票行为的法律责任

非法印制发票的，由税务机关销毁非法印制的发票，没收违法所得和作案工具，并处 1 万元以上 5 万元以下的罚款；构成犯罪的，依法追究刑事责任。

7. 纳税人、扣缴义务人不配合税务机关进行税务检查的法律责任

（1）纳税人、扣缴义务人逃避、拒绝或者以其他方式阻挠税务机关检查的，由税务机关责令改正，可以处 1 万元以下的罚款；情节严重的，处 1 万元以上 5 万元以下的罚款。

（2）纳税人、扣缴义务人有下列情形之一的，依照前款规定处罚：

1）提供虚假资料，不如实反映情况，或者拒绝提供有关资料的。

2）拒绝或者阻止税务机关记录、录音、录像、照相和复制与案件有关的情况和资料的。

3）在检查期间，纳税人、扣缴义务人转移、隐匿、销毁有关资料的。

4）有不依法接受税务检查的其他情形的。

（3）税务机关依照《税收征收管理法》的规定，到车站、码头、机场、邮政企业及其分支机构检查纳税人有关情况，有关单位拒绝的，由税务机关责令改正，可以处1万元以下的罚款；情节严重的，处1万元以上5万元以下的罚款。

（二）税务机关和税务人员违反税收法律制度的法律责任

（1）税务机关违反规定擅自改变税收征收管理范围和税款入库预算级次的，责令限期改正，对直接负责的主管人员和其他直接责任人员依法给予降级或者撤职的行政处分。

（2）税务人员徇私舞弊，对依法应当移交司法机关追究刑事责任的不移交，情节严重的，依法追究刑事责任。

（3）税务机关、税务人员查封、扣押纳税人个人及其所抚养家属维持生活必需的住房和用品的，责令退还，依法给予行政处分；构成犯罪的，依法追究刑事责任。

（4）税务人员与纳税人、扣缴义务人勾结，唆使或者协助纳税人、扣缴义务人实施税收违法行为，构成犯罪的，依法追究刑事责任；未构成犯罪的，依法给予行政处分。

（5）税务人员利用职务上的便利，收受或者索取纳税人、扣缴义务人财务或者谋取其他不正当利益，构成犯罪的，依法追究刑事责任；未构成犯罪的，依法给予行政处分。

（6）税务人员徇私舞弊或者玩忽职守，不征或者少征应征税款，致使国家税收遭受重大损失，构成犯罪的，依法追究刑事责任。

（7）税务人员滥用职权，故意刁难纳税人、扣缴义务人的，调离税收工作岗位，并依法给予行政处分。

（8）税务人员对控告、检举税收违法行为的纳税人、扣缴义务人以及其他检举人进行打击报复的，依法给予行政处分；构成犯罪的，依法追究刑事责任。

（9）违反法律、行政法规的规定提前征收、延缓征收或者摊派税款的，由其上级机关或者行政监察机关责令改正，对直接负责的主管人员和其他直接责任人员依法给予行政处分。

（10）违反法律、行政法规的规定，擅自做出税收的开征、停征或者减税、免税、退税、补税以及其他税收法律、行政法规相抵触的决定的，除按《税收征收管理法》

的规定撤销其擅自做出的规定外，补征应征未征税款，退还不应征收而征收的税款，并由上级机关追究直接负责的主管人员和其他直接责任人员的行政责任；构成犯罪的，依法追究刑事责任。

（11）税务人员私分扣押、查封的商品、货物或者其他财产，情节严重构成犯罪的，依法追究刑事责任；未构成犯罪的，依法给予行政处分。

（12）税务人员在征收税款或者查处税收违法案件时，未按照《税收征收管理法》的规定进行回避的，对直接负责的主管人员和其他直接责任人员，依法给予行政处分。未按照《税收征收管理法》的规定为纳税人、扣缴义务人、检举人保密的，对直接负责的主管人员和其他责任人员，由所在单位或者有关单位依法给予行政处分。

【任务实施】

（1）完成初级税务专员基础与认知（CMAC 三级）配套章节练习。

（2）完成初级税务专员基础与认知（CMAC 三级）平台任务（参考 CMAC 试题操作指南）。

【知识扩展】

"多证合一"登记制度改革历程

2014 年，国务院下发了《国务院关于促进市场公平竞争维护市场正常秩序的若干意见》（国发〔2014〕20 号），提出了"深化市场准入制度、推进商事制度改革"的总体要求。2015 年，国务院办公厅下发了《国务院办公厅关于加快推进"三证合一"登记制度改革的意见》（国办发〔2015〕50 号），指出：全面推行"三证合一"登记制度改革是贯彻落实党的十八大和十八届二中、三中、四中全会精神的重要举措，是简政放权、便利市场准入、鼓励投资创业、激发市场活力的重要途径。2015 年 9 月，工商总局等六部门下发《工商总局等六部门关于贯彻落实〈国务院办公厅关于加快推进"三证合一"登记制度改革的意见〉的通知》（工商企注字〔2015〕121 号），对推进"三证合一"的总体框架做了部署。工商总局、税务总局下发了《关于做好"三证合一"有关工作衔接的通知》（工商企注字〔2015〕147 号）明确了建立共享机制和业务衔接流程，发布了"三证合一"工商税务信息共享技术方案。国家税务总局下发了《关于落实"三证合一"登记制度改革的通知》（税总函〔2015〕482 号），就税务部门落实"三证合一"登记制度改革有关具体工作进行了部署。同年，工商总局等五部门发布关于贯彻落实《国务院办公厅关于加快推进"五证合一"登记制度改革的通知》的通知。通知指出，全面推行"五证合一"登记制度改革是在全面实施企业"三证合一"基础上进一步推进商事制度改革，降低创业准入制度成本的重要举措，对于推进部门间信息共享、提升政府管理和服务能力具有重要意义。各相关部门要充分认识实行"五证合一"登记制度改革的重要意义，确保从2016年10月1日起在全国范围推行"五证合一"改革。2017年9月25日，总局推进"多证合一"工商共享信息运用工作，从2017年11月1日起实施"多证合一"登记制度。